Österreich kocht

Edition 2015

GENUSS
REGION
ÖSTERREICH

Österreich kocht

Edition 2015

Rezepte und Empfehlungen
aus den GenussRegionen

Herausgegeben von
Margareta Reichsthaler
Alexander Jakabb

pichler verlag

PROLOG

Würzig, süß und sauer, leicht und deftig, modern und traditionell. Vom Boden- bis zum Neusiedler See brodelt es in den Töpfen und zischt es in den Pfannen, wenn die ÖsterreicherInnen ihre g'schmackigen Gerichte zubereiten.

Zahlreiche Einflüsse haben die österreichische Küche im Laufe der Geschichte geprägt und für eine einzigartige Geschmacksvielfalt gesorgt, die erkundet werden will. Wenn urige Gerichte und traditionelle Speisen neu interpretiert werden und die Düfte aus Omas Küche wieder in der Nase kitzeln, greift die Lust auf österreichische Kochkunst um sich.

Die GENUSS REGION ÖSTERREICH präsentiert in „Österreich kocht" eine raffinierte Auswahl an Rezepten von den besten Genuss-Wirten, die jüngeren Generationen Lust auf regionale Kulinarik machen und LiebhaberInnen österreichischer Küche altbewährte Klassiker in Erinnerung rufen. Köstlichkeiten aus den 119 GenussRegionen warten darauf, nachgekocht zu werden. Denn nur so brodelt und zischt es in den Pfannen und Töpfen dieses Landes.

Margareta Reichsthaler
Obfrau
GENUSS REGION ÖSTERREICH

Alexander Jakabb
Genuss-Experte

ZUM GELEIT

Österreich ist bekannt für seine ausgezeichnete Küche, die von vielfältigen regionalen Spezialitäten geprägt ist. Die hohe Qualität der heimischen Lebensmittel wird auch im Ausland immer mehr geschätzt. Unsere Bäuerinnen und Bauern leisten damit einen wichtigen Beitrag für ein lebenswertes Österreich.

Regionalität und Qualität werden für die Konsumentinnen und Konsumenten immer wichtiger. Die Menschen wollen wissen, woher ihre Lebensmittel kommen und unter welchen Bedingungen sie erzeugt wurden.

Wer regionale Produkte kauft, kann sicher sein, dass die Lebensmittel qualitativ hochwertig und frisch sind. Für die Bäuerinnen und Bauern bedeutet das mehr Anerkennung und wirtschaftlichen Erfolg, die Wertschöpfung bleibt in der Region. Durch kurze Transportwege wird zudem ein wesentlicher Beitrag zum Klima- und Umweltschutz geleistet.

Ihr Andrä Rupprechter
*Bundesminister für Land- und Forstwirtschaft,
Umwelt und Wasserwirtschaft*

Ich unterstütze die GENUSS REGION ÖSTERREICH bei der Förderung der LandwirtInnen und ProduzentInnen, die mit ihren Produkten für die Grundlage der ausgezeichneten heimischen Küche sorgen. Sie arbeiten mit Wissen, Feingefühl und Engagement an der ständigen Weiterentwicklung der heimischen Lebensmittel.

Dass die Menschen in diesem Land stolz auf die hochwertigen Lebensmittel und die regionalen Spezialitäten sein können, beweist einmal mehr dieses Jahrbuch. Die österreichischen GenussWirte zeigen auf, wie vielfältig die österreichische Küche sein kann. Ich wünsche Ihnen viel Genuss und Vergnügen beim Nachkochen der Rezepte aus diesem Buch.

INHALT

Prolog 4
Zum Geleit 5
Wenn jemand eine Reise tut, dann kann er was erzählen 8
Schlecht zu essen, ist eine Sünde 9
GenussRegionen Österreich – Landkarte 10
Feinkostladen Österreich 12
Wofür steht die GENUSS REGION ÖSTERREICH? 13
Regionalität und Herkunft 14
Saisonkalender Obst & Gemüse 16
Genuss erleben – Veranstaltungen 2015 18
Genuss im Netz 20
GenussWirte 21
GenussWochen 22

BURGENLAND 23
GenussRegion Zickentaler Moorochse
Geschmorte Rindswangen auf Kohlrabirisotto 24
Das Kulinarium im Petersbräu 26

GenussRegion Kittseer Marille
Dinkel-Marillenknödel mit Marillenröster 28
Gasthaus Leban 30

GenussRegion Mittelburgenländische Kaesten und Nuss
Gebackenes Grießkoch in Nusspanier mit Sauerrahmeis 32
Gasthof „Zur Traube" 34

KÄRNTEN 37
GenussRegion Görtschitztaler Milch
Kärntner Kasnudeln 38
Wirtshaus Gelter 40

GenussRegion Mölltal-Glockner Lamm
Geschmorte Lammkeule mit Erdäpfel-Spinatstrudel 42
Landgasthof Gritschacher 44

GenussRegion Nockberge Almrind
Rindsroulade mit Kartoffelgebäck und Speckbohnen 46
Loystub'n 48

GenussRegion Kärntna Låxn
Gebratenes Filet von der Seeforelle mit Risotto 50
Seewirt Spieß 52

NIEDERÖSTERREICH 55
GenussRegion Marchfeld Gemüse
Geräucherter Sellerie mit Steinpilzen, Jungzwiebeln, Neusetzer & Selleriejus 56
Der jungWirt 58

GenussRegion Bucklige Welt Apfelmost
Cremige Zwiebelsuppe mit gefüllter Zwiebel und Apfelmost 60
Molzbachhof 62
Was Sie schon immer über Most wissen wollten ... 64
Most als Aperitif: Mostini 65
GenussBauernhof Böhm 66
GenussBauernhof Distelberger 67
Seppelbauer's Obstparadies 68
Datzbergers Mostviertler Schofkas 69

GenussRegion Tullnerfelder Schwein
Schweinslungenbraten im Strudelblatt mit Schupfnudeln 70
Restaurant s'Pfandl 72

GenussRegion Wiesenwienerwald Elsbeere
Elsbeer-Schokoladentorte 74
Landgasthof zur Linde 76

OBERÖSTERREICH 79
GenussRegion Sauwald Erdäpfel
Forellenröllchen mit zweierlei Kohlrabi 80
Gasthaus Maria vom guten Rat 82

GenussRegion Mattigtal Forelle
Gebratene Forelle mit Erdäpfeln 84
Wirtshaus „Zum Onke Heli" 86
GenussBauernhof Jenichl 88

SALZBURG 89
GenussRegion Tennengauer Berglamm
Geschmorte Milchlammstelze mit Gemüsegröstl 90
Gasthof Abfalter 92

GenussRegion Pongauer Wild
Gefüllte Teigtascherl, Rehrücken und Selleriepüree — 94
Gasthof BürglHöh — 96
BürglAlm — 98
Wirtshaus „Zum Kaswurm" — 99

GenussRegion Pinzgauer Rind
Rinderfilet mit Walnusskruste — 100
Verwöhnhotel Sonnhof — 102

Gamsgulasch | Steirereck, Pogusch — 104

STEIERMARK — 105
GenussRegion Ennstal Lamm
Ennstaler Lammlasagne — 106
Dorfgasthof „Zum Grafenwirt" — 108

GenussRegion Steirisches Teichland – Karpfen
Fish & Chips mit fruchtiger Kren-Mayonnaise — 110
Landhaus Oswald — 112

GenussRegion Steirisches Kürbiskernöl g.g.A.
Steirische Kürbiscemesuppe mit Hendl-Kräuterpalatschinken — 114
Weststeirischer Hof — 116

GenussHauptstadt Graz — 119
Fauster's Früchtchen — 120
Obstbau und Obstveredelung Haas — 121
Jassing Almhütt'n — 122

TIROL — 123
GenussRegion Paznauner Almkäse
Paznauner Almkäseknödel mit Wildkräutersalat — 124
Gasthof Glöckner — 126

GenussRegion Oberinntaler Erdäpfel
Gekochter Tafelspitz vom Tiroler Vollmichkalbl — 128
Hotel Silzer Hof — 130

GenussRegion Stanzer Zwetschke
Gefüllte Spanferkelbrust mit Brennnessel-
Schafkäseravioli und Zwetschken-Chutney — 132
Hotel Schrofenstein — 134

GenussRegion Nordtiroler Gemüse
Rüben, Quitte und Buchweizen — 136
Berggasthof Zugspitzblick — 138
Plattenrainalm — 140

VORARLBERG — 141
100 verschiedene Kräuter Bergheusuppe — 142
Hotel Birkenhöhe — 144
Wandern im Kleinwalsertal — 145
Reh-Hack-Laible — 146
Haller's Genuss & Spa Hotel — 148
Wintererlebnisse mit und ohne Ski — 149

GenussRegion Montafoner Sura Kees
Terrine vom Montafoner Sura Kees — 150
Gasthof Schäfle — 152

GenussRegion Kleinwalsertaler Wild und Rind
Rehrücken in Bärlauch-Crêpes gerollt — 154
Genussgasthof Sonnenburg — 156
Beuschl – einmal anders — 158
Alpahotel Walserstuba — 160

WIEN — 163
GenussRegion Waldviertler Graumohn g.U.
Karpfen in Graumohnpanier — 164
Mohn-Kokossuppe mit Karpfennockerln — 164
Gasthaus Möslinger — 166

GenussRegion Wiener Gemüse
Erdäpfel-Zucchini Laibchen mit Salat — 168
Zu den Schobers im Giersterbräu — 170

GenussRegion Retzer Land Kürbis
Püree vom Hokkaido-Kürbis mit Lammrückenfilet — 172
Strebersdorferhof — 174

GenussGärtnerei Ganger — 176

Rezeptregister — 177
Register Betriebe — 178
Register GenussRegionen — 179
Impressum — 180

WENN JEMAND EINE REISE TUT, DANN KANN ER WAS ERZÄHLEN

Dieses Jahrbuch soll eine kulinarische Reise quer durch Österreich, zwischen Boden- und Neusiedler See sein, die gar köstliche Schätze entdeckt. Ein erstes Kennenlernen engagierter Gastwirte, Landwirte und Manufakturen, die kulinarische Traditionen mit viel Herzblut pflegen. Den Blick haben sie jedoch nicht in die Vergangenheit gerichtet. Mit Freude und Mut stellen sie sich den Herausforderungen der Gegenwart und legen oft schon den Grundstein für die nächste Generation.

Bevor man eine Reise antritt, besorgt man sich aktuelles Informations- und Kartenmaterial. Schließlich will man ja nicht „irgendwo" einkehren, sondern neue, spannende kulinarische Erfahrungen machen und die jeweilige Region schmecken.

Die Hauptdarsteller in diesem genüsslichen Reiseführer sind bewusst gewählt. Nicht die Bewertungen in Gastro-Guides waren ausschlaggebend, sondern das Engagement und die Begeisterung, die Spezialitäten aus ihrer Region voller Stolz ihren Gästen anzubieten. Darunter befinden sich die meisten Finalisten und die beiden Bundessieger des Bewerbs „GenussWirt des Jahres 2014/2015" Christian Gelter und Hermann Haller, die auf dem Cover zu sehen sind.

Der Aufbau eines Reiseführers soll übersichtlich und schlüssig sein und die Nutzung für den Leser möglichst unkompliziert machen. Unsere Reise führt daher nicht geografisch von Osten nach Westen (oder umgekehrt), sondern ist alphabetisch nach den Bundesländern gegliedert. Sie beginnt mit B wie Burgenland und endet mit W wie Wien. Zu jedem Bundesland haben wir eine Karte erstellt, auf der die Betriebe und die jeweiligen GenussRegionen übersichtlich gekennzeichnet sind. Auch innerhalb jedes Bundeslandes haben wir die GenussBetriebe namentlich gereiht.

Zuerst wird auf einer Doppelseite das Lieblingsrezept des Wirtes (oder der Wirtin) gezeigt. Dann folgt auf der dritten Seite eine Vorstellung des jeweiligen Betriebes. Auf der vierten Seite werden dann die GenussRegion und ihr(e) Leitprodukt(e) vorgestellt, wobei sich der GenussWirt entweder in der Region befindet oder das Produkt für seine Küche eine essentielle Zutat darstellt.

Zusätzlich haben wir in einigen Bundesländern noch andere kulinarische GenussBetriebe wie GenussBauernhöfe, Genuss-Hütten auf bewirtschafteten Almen vorgestellt. Sollten Sie in diesen Gegenden einmal unterwegs sein, verabsäumen Sie es nicht, vorbeizuschauen. Nach telefonischer Voranmeldung freuen sich diese Betriebe über einen Besuch.

Wir wünschen Ihnen eine gute Reise! Holen Sie sich schon jetzt Gusto, indem Sie schon vorab das eine oder andere Rezept selbst zu Hause ausprobieren. Denn egal ob am eigenen Herd oder als Gast in einem Wirtshaus – die Basis jedes gelungenen Essens ist immer ein wertvolles Produkt.

SCHLECHT ZU ESSEN, IST EINE SÜNDE

Ein bewusster Zugang zum Geschmack zeigt sich bei der Auswahl der Genussmittel, mit denen man eine Mahlzeit zubereitet. Zählen nur der billigste Preis und eine möglichst attraktive Verpackung? Oder geht es um die Menschen, die mit viel Einsatz und Liebe Lebensmittel produzieren, die nicht nur gut schmecken, sondern auch gesund sind?

Wir wollen Sie dazu verführen, die wunderbaren Geschmäcker unserer Heimat zu erkunden. Ganz unbeschwert und frei von Verpflichtungen. Kochen Sie entspannt und mit Freude. Sollte ein bestimmtes GenussRegions-Produkt einmal nicht verfügbar sein, nehmen Sie einfach ein anderes. Aber nicht irgendein anderes. Sondern ein regionales Produkt, bei dem Sie wissen, wo es herkommt. Von dem Sie vielleicht sogar den Produzenten kennen.

Die Rezepte in diesem Buch wurden von den Gastronomen ausgewählt, weil sie für ihre jeweilige regionale Küche besonders typisch sind. Wir haben die Rezepte in Absprache mit den Küchenchefs leicht adaptiert, damit sie auch mit einfachen Zutaten und gängigen Küchengeräten leicht zuzubereiten sind. Die Rezepte sind – sofern nicht anders angegeben – für jeweils vier Personen erstellt.

Kochen ist jedoch keine exakte Wissenschaft. Die richtige Menge, Gartemperatur und Zeit spielen eine wesentliche Rolle, vertrauen Sie aber ruhig Ihrem Geschmack und – sofern Sie ein bisschen Kocherfahrung haben – auch ihrem Gefühl. Und arbeiten Sie mit den Tricks der Profis! Vor allem wenn Sie Gäste haben, lohnt sich der Aufwand, Teller im Rohr vorzuwärmen, die Gerichte liebevoll anzurichten und eventuell auch mit einer passenden Garnitur attraktiver zu machen.

Das Wichtigste fürs Gelingen ist jedoch immer ein gutes Ausgangsprodukt. Saisonale Produkte sind nicht nur günstiger, sondern auch frischer und gesünder. Sie schmecken einfach besser. Probieren Sie es aus!

Wir wünschen Ihnen einen guten Appetit!

VORARLBERG

1 Ländle Apfel*
2 Bregenzerwälder Alp- und Bergkäse
3 Ländle Kalb*
4 Ländle Alpschwein*
5 Großwalsertaler Bergkäse
6 Jagdberger Heumilchkäse*
7 Montafoner Sura Kees
8 Kleinwalsertaler Wild und Rind

TIROL

9 Paznauner Almkäse
10 Stanzer Zwetschke
11 Oberländer Apfel
12 Oberinntaler Erdäpfel
13 Nordtiroler Gemüse
14 Tiroler Grauvieh
15 Alpbachtaler Heumilchkäse
16 Wildschönauer Krautingerrübe
17 Osttiroler Berglamm
18 Osttiroler Kartoffel

SALZBURG

19 Walser Gemüse
20 Tennengauer Almkäse
21 Flachgauer Heumilchkäse*
22 Tennengauer Berglamm
23 Bramberger Obstsaft
24 Pinzgauer Kitz*
25 Pinzgauer Rind
26 Lungauer Eachtling
27 Pongauer Wild
28 Großarltaler Bergbauernkäse

OBERÖSTERREICH

29 Innviertler Surspeck
30 Sauwald Erdäpfel
31 Mühlviertler Bergkräuter
32 Mühlviertler Alm Weidegans
33 Leondinger Grünspargel
34 Eferdinger Landl Gemüse
35 Linz Land Apfel-, Birnensaft
36 Buchkirchner-Schartner Edelobst
37 Nationalpark Kalkalpen Obstsäfte*
38 Mattigtal Forelle*
39 Hausruck Birn-Apfel-Most*
40 Schlierbacher Käse*
41 Nationalpark Kalkalpen Bio-Rind*
42 Salzkammergut Käse*
43 Salzkammergut Wildfangfisch
44 Schlägler Bioroggen

KÄRNTEN

45 Mölltal – Glockner Lamm
46 Nockberge Almrind
47 Metnitztaler Wild
48 Gurktaler Luftgeselchter Speck
49 Görtschitztaler Milch
50 Mittelkärntner Blondvieh
51 Lavanttaler Apfelwein VMCC
52 Gailtaler Almkäse g.U./ Gailtaler Speck g.g.A.
53 Kärntna Lâxn
54 Rosentaler Carnica Honig*
55 Jauntaler Salami
56 Jauntaler Hadn

STEIERMARK

57 Ausseerland Seesaibling
58 Gesäuse Wild
59 Hochschwab Wild
60 Pöllauer Hirschbirne
61 Oststeirischer Apfel
62 Weizer Berglamm & Schaf
63 Murtaler Steirerkäs
64 Weststeirisches Turopoljeschwein*
65 Steirisches Kürbiskernöl g.g.A.

STEIERMARK

66 Grazer Krauthäuptel
67 Steirisches Teichland – Karpfen
68 Steirischer Vulkanland Schinken
69 Steirischer Kren g.g.A.
70 Südoststeirische Käferbohne
71 Ennstaler Steirerkas
72 Ennstal Lamm
73 Murbodner Erdäpfel
A Südoststeirisches Woazschwein**
B Feldbacher Honig**

NIEDERÖSTERREICH

74 Waldviertler Erdäpfel
75 Waldviertler Karpfen
76 Retzer Land Kürbis
77 Weinviertler Erdäpfel*
78 Weinviertler Getreide
79 Laaer Zwiebel
80 Weinviertler Wild*
81 Waldviertler Graumohn g.U.
82 Wachauer Marille g.U.
83 Wagramer Nuss*
84 Traisentaler Fruchtsäfte*
85 Tullnerfelder Kraut*
86 Tullnerfelder Schwein*

NIEDERÖSTERREICH

87 Weinviertler Schwein*
88 Ybbstal Forelle*
89 Mostviertler Mostbirn
90 Pielachtaler Dirndl*
91 Mostviertler Schofkas
92 Alpenvorland Rind*
93 Lilienfelder-Voralpen Wild
94 Schneebergland Jungrind
95 Bucklige Welt Apfelmost
96 Schneebergland Schwein
97 Wiesenwienerwald Elsbeer
98 Wienerwald Weiderind*
99 Marchfeldspargel g.g.A.
100 Marchfeld Gemüse*
101 Dunkelsteiner Hagebutte
102 Mostviertler Biohanf
103 Traisentaler Hofkas
104 Waldviertler Bio-Waldstaudekorn
105 Waldviertler Kriecherl
C Waldviertler Schlehe*

WIEN

106 Wiener Gemüse

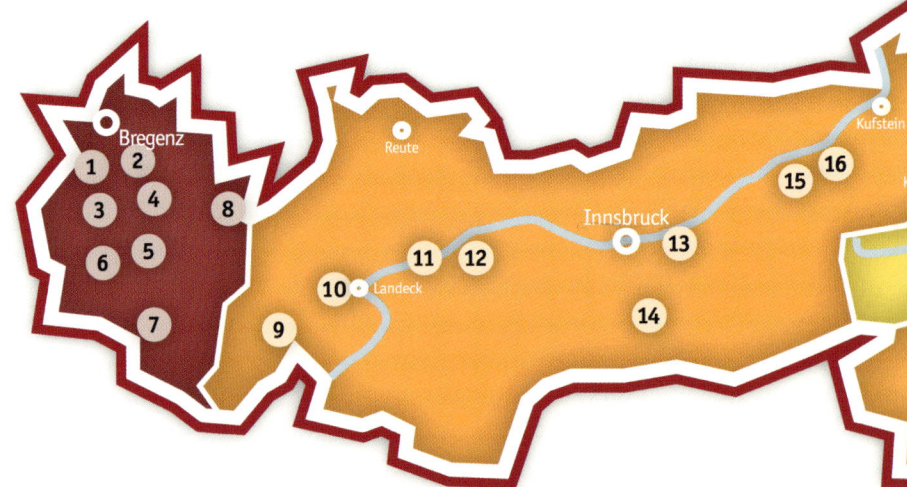

*) Überprüfungsregion: GenussRegion, die auf die Einhaltung bzw. Nachbesserung unserer Kriterien überprüft wird.

**) Kandidat: Region, die sich auf ihre Mitgliedschaft in der GENUSS REGION ÖSTERREICH vorbereitet.

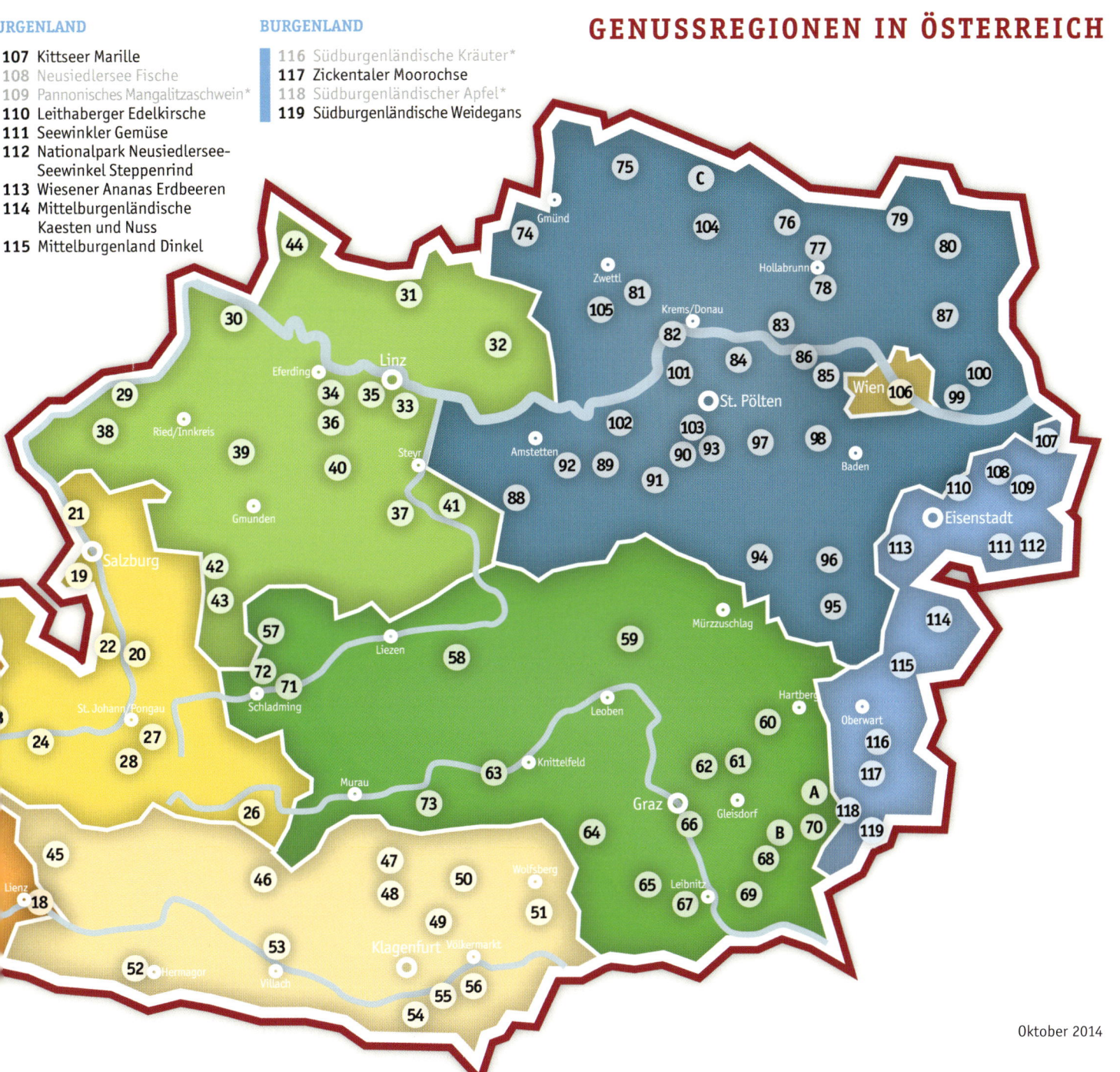

GENUSSREGIONEN IN ÖSTERREICH

URGENLAND

107 Kittseer Marille
108 Neusiedlersee Fische
109 Pannonisches Mangalitzaschwein*
110 Leithaberger Edelkirsche
111 Seewinkler Gemüse
112 Nationalpark Neusiedlersee-
Seewinkel Steppenrind
113 Wiesener Ananas Erdbeeren
114 Mittelburgenländische
Kaesten und Nuss
115 Mittelburgenland Dinkel

BURGENLAND

116 Südburgenländische Kräuter*
117 Zickentaler Moorochse
118 Südburgenländischer Apfel*
119 Südburgenländische Weidegans

Oktober 2014

FEINKOSTLADEN ÖSTERREICH

Vom Bodensee bis zum Neusiedler See erstrecken sich 119 GenussRegionen, die für regionale und traditionelle Produkte, Veranstaltungen, Gastronomiebetriebe und Tourismusgebiete stehen. Vom Großwalsertaler Bergkäse, Pielachtaler Dirndl und vom Mittelkärntner Blondvieh zum Marchfeld Gemüse – so unterschiedlich die GenussRegionen auch sein mögen, sie alle verbindet die höchste Qualität.

Unter dem Dach der GENUSS REGION ÖSTERREICH wird gesichert, was die Regionen ausmacht. Traditionelle Feste, Berufe oder Produktionsverfahren und Herstellungsweisen gehören dazu ebenso wie die Erhaltung alter Gemüsearten, Pflanzensorten und Tierrassen.

Die Kulinarik-Initiative sowie ihre Mitglieder haben es sich zur Aufgabe gemacht, mit einer nachhaltigen Nutzung der Ressourcen, einer schonenden Bewirtschaftung von Äckern und Weideflächen und dem Verzicht auf lange Transportwege einen wesentlichen Teil zum Umweltschutz und der Landschaftspflege in Österreich beizutragen.

Das Jahrbuch „Österreich kocht" der GENUSS REGION ÖSTERREICH nimmt seine LeserInnen mit auf eine Reise durch die köstlichsten GenussRegionen des Landes. Einblicke in die Regionen, Wissenswertes über die Produkte und köstliche Rezepte zu bewährten Klassikern oder spannenden Neuinterpretationen der österreichischen GenussWirte zeigen die Vielfalt der österreichischen GenussRegionen.

MENSCH, LAND, PRODUKT – EINE EINHEIT

WOFÜR STEHT DIE GENUSS REGION ÖSTERREICH?

1. Nah sicher!

Wir bekennen uns zur Regionalität von Lebensmitteln: Nur was vor Ort wächst, verarbeitet und veredelt wird, ist tatsächlich nachhaltig und trägt zur Schonung unseres Planeten bei. Herkunftskontrollen, Qualitätssicherung und kurze Transportwege sind Kennzeichen der GENUSS REGION ÖSTERREICH.

2. Frisch & sinnlich

Wir glauben an die Saisonalität von Lebensmitteln: Nur was vollreif auf den Tisch oder in die Verarbeitung kommt, kann seine ganze Fülle entfalten und alle unsere Sinne berühren. Dieser Geschmack zeichnet die GENUSS REGION ÖSTERREICH aus.

3. Einzigartigkeit

Wir fördern die Verarbeitung von Lebensmitteln zu Spezialitäten: Jedes Produkt aus der GENUSS REGION ÖSTERREICH ist ein Unikat und spiegelt Herkunft, Verarbeitung und die Seele des Produzenten wider. Der eigenständige Geschmack ist ein Zeichen höchster Qualität.

4. Kulturlandschaft erhalten

Das Bild von Österreich liegt in unserer Verantwortung: 80 Prozent unseres Landes sind land- und forstwirtschaftlich genutzte Flächen, von denen mehr als drei Viertel in GenussRegionen liegen. Der Genuss heimischer Lebensmittel ist ein wesentlicher Beitrag zur Erhaltung unserer natürlichen Lebens- und Erholungsräume.

5. Großer Wert, kleiner Betrieb

Wir schätzen die Kraft und Innovationen der Kleinen: Bäuerliche Familienbetriebe, gewerbliche Manufakturen und Gastronomiebetriebe sichern nicht nur die Lebensqualität vor Ort, sondern schaffen auch Arbeitsplätze, bei denen Wertschöpfung genauso wesentlich ist wie Wertschätzung.

6. Zusammenhalt

Wir stehen für Zusammenarbeit entlang der gesamten Lebensmittel-Wertschöpfungskette: Die Tätigkeit der Bäuerinnen und Bauern, die Verarbeitung zu Spezialitäten und die Vermarktung gehen Hand in Hand und erzeugen unter der Marke GENUSS REGION ÖSTERREICH den Mehrwert „Verlässlichkeit".

7. Innovation aus Tradition

Wir bestehen auf Kreativität in der Verarbeitung und Zubereitung von Lebensmitteln: Nur wer Tradition auch in zeitgemäßes Gewand zu verpacken weiß, kann KonsumentInnen auf allen Ebenen ansprechen, zufriedenstellen und dauerhaft für sich gewinnen.

8. Von Natur aus

Wir schwören auf naturnahes und faires Miteinander von Natur und Mensch: Artgerechte Tierhaltung, standortgerechter Anbau und höchste Hygienestandards sind Markenzeichen der GENUSS REGION ÖSTERREICH, die diese Qualität laufend kontrollieren lässt.

9. Weniger ist viel mehr

Wir stehen dazu, dass nicht alles immer da sein kann: Höchste Qualität ist stets nur in solchen Mengen verfügbar, wie sie der Natur zumutbar sind. Deshalb streben Betriebe der GENUSS REGION ÖSTERREICH nicht nach Masse und Sonderangeboten, sondern nach Reinheit und Echtheit.

10. Ein Modell für Europa

Wir sind als Qualitätsführer stark vernetzt: Nicht nur alle wichtigen Kulinarik-Initiativen in Österreich arbeiten mit und für die GENUSS REGION ÖSTERREICH – Wissen und Kompetenz werden auch über Grenzen an NachbarInnen und MitstreiterInnen weitergegeben. Der Dialog mit solchen Initiativen festigt auch Österreichs Ruf als Feinkostenladen Europas.

REGIONALITÄT UND HERKUNFT

In 119 GenussRegionen in Österreich stellen Mensch, Landschaft und Lebensmittel eine harmonische Einheit dar. Geschichte, Tradition, Kultur und Handwerk sind die Grundlagen dafür. Die verpflichtende Zusammenarbeit von Landwirtschaft, regionalen Gastronomen, dem Gewerbe, Tourismus und dem Handel.

Die Pflege und Aufrechterhaltung dieser kleinstrukturierten Agrarkultur soll verhindern, dass Leitprodukte einer Region von der kulinarischen Bildfläche verschwinden. Zahlreiche bäuerliche Familienbetriebe, ErzeugerInnengemeinschaften oder regionale Gewerbebetriebe garantieren die Vielfalt ganz besonderer regionaler Lebens- und Genussmittel. Um den Erhalt dieser einzigartigen Spezialitäten sorgt und kümmert sich die GENUSS REGION ÖSTERREICH.

Was ist eine GenussRegion?

Eine GenussRegion ist ein geografisch definiertes Gebiet, das sich aus Gemeinden zusammensetzt und in dem traditionellerweise regionale Spezialitäten (Leitprodukt) gedeihen, aufgezogen und/oder hergestellt werden.

Was ist ein Leitprodukt einer GenussRegion?

Leitprodukte sind ausschließlich Lebensmittel und verleihen der jeweiligen Region ihren Namen, somit werden das Leitprodukt und die Region zu einer Symbiose. Es kann unterschiedliche Veredelungsgrade aufweisen: von pur wie zum Beispiel Fleisch

oder Obst bis hin zu verarbeitet wie Speck oder Most. Alkohol, ausgenommen Obstwein, kann kein Leitprodukt darstellen. Die Leitprodukte sind Ausgangspunkt zahlreicher GenussRegions-Produkte, herkunftsgesichert und haben nachweisbar höhere Qualitätstandards. Einige GenussRegionen konnten mit ihren Produkten mit dem Zusatz g.U. (geschütze Ursprungsbezeichnung) bzw. g.g.A. (geschützte geografische Angabe) im EU-Qualitätsregister eingetragen werden. Alle GenussRegionen haben eine nationale Spezifikation, was sie vor Missbrauch des Namens schützt und von Nachahmern unterscheidet.

Gelebte Regionalität

Eine GenussRegion zeichnet sich dadurch aus, dass die regionale Kultur und das regionale Leitprodukt überall zu finden sind: beim Greißler oder Kaufmann um die Ecke, im Hofladen des Landwirts, der Manufaktur oder des Verarbeitungsbetriebs, als kulinarisches Highlight regionaler Feste und selbstverständlich bei den ortsansässigen GenussWirten. Durch die Zusammenar-

beit zwischen Landwirt, Gastwirt und Nahversorgern bleibt die Wertschöpfung in der Region und die gegenseitige Wertschätzung wächst. Etwas, das Einheimische und Gäste zu schätzen wissen.
Wer ein GenussRegions-Produkt zu sich nach Hause holt, kann ein Stück der Region schmecken. Wer das lukullische Gesamterlebnis haben möchte, wird dies am besten in der Region kennenlernen.

Herkunftsbewusstsein

Alles, was wächst, gedeiht und aufgezogen wird, nimmt die Einflüsse seiner Umgebung in sich auf. Die Beschaffenheit des Bodens, die Zusammensetzung des Futters und der respektvolle Umgang mit allem Lebenden haben Einfluss auf den Geschmack und bezeugen die Herkunft eines Produktes. Jeder Einzelne kann mit dem Einkauf von regionalen Lebensmitteln seinen verantwortungsvollen Beitrag dazu leisten, eine intakte, nachhaltige heimische Landwirtschaft sichern.

SAISONKALENDER OBST & GEMÜSE

In der folgenden Tabelle steht **G** für grün markierte (frisch aus der Saison) und **Y** für gelb markierte (aus Lagerung) Monate.

	Jänner	Februar	März	April	Mai	Juni	Juli	August	September	Oktober	November	Dezember
OBST												
Rhabarber				G	G	G						
Erdbeeren						G	G					
Kirschen						G	G					
Ribiseln						G	G	G				
Himbeeren						G	G	G	G			
Stachelbeeren						G	G	G				
Marillen							G	G				
Brombeeren							G	G	G			
Heidelbeeren							G	G				
Zwetschken								G	G	G		
Äpfel	Y	Y	Y	Y	Y	Y		G	G	G	Y	Y
Birnen	Y	Y	Y	Y	Y	Y		G	G	G	Y	Y
Weintrauben									G	G		
Kriecherln								G	G			
Weichseln						G	G					
Nektarinen								G	G			
Pfirsiche								G	G			
Quitten									G	G		
Pflaumen								G	G			
Hagebutten									G	G	G	
Holunder									G	G		
Johannisbeeren						G	G	G				
Sanddorn								G	G			
Melonen							G	G	G			
Elsbeeren	Y	Y	Y	Y	Y	Y	Y	Y	G	G	Y	Y
GEMÜSE												
Kresse	G	G	G	G	G	G	G	G	G	G	G	G
Zwiebeln	Y	Y	Y	Y	Y	Y	G	G	G	G	Y	Y
Karotten	Y	Y	Y	Y	Y	Y	G	G	G	G	Y	Y
Erdäpfel	Y	Y	Y	Y	Y	Y	G	G	G	G	Y	Y
Sellerie	Y	Y	Y	Y	Y	Y	G	G	G	G	Y	Y
Rote Rüben	Y	Y	Y	Y	Y		G	G	G	G	Y	Y
Bärlauch			G	G	G							
Spargel				G	G	G						
Petersilie				G	G	G	G	G	G	G		
Dill				G	G	G	G	G	G	G		
Schnittlauch				G	G	G	G	G	G	G		
Rucola				G	G	G	G	G	G	G	G	
Salat					G	G	G	G	G	G	G	

Legend: **G** = Freiland (green), **L** = Lager/Glashaus (yellow)

	Jänner	Februar	März	April	Mai	Juni	Juli	August	September	Oktober	November	Dezember
Vogerlsalat	G	G	G	G					G	G	G	G
Kohlrabi					G	G	G	G	G	G	G	
Paradeiser					G	G	G	G	G	G		
Fenchel							G	G	G	G	G	
Spinat				G	G	G		G	G	G	G	
Porree	G	G	G	G	G	G	G	G	G	G	G	G
Erbsen						G	G	G				
Stangensellerie						G	G	G	G	G		
Knoblauch	L	L					G	G	L	L	L	L
Weißkraut	L	L	L	L	G	G	G	G	G	G	G	L
Blaukraut	L	L	L	L	L	G	G	G	G	G	L	L
Fisolen						G	G	G	G			
Karfiol						G	G	G	G	G	G	
Brokkoli						G	G	G	G	G	G	
Wirsing						G	G	G	G	G	G	G
Chinakohl	L	L	L				G	G	G	G	G	G
Mangold						G	G	G	G	G		
Zucchini						G	G	G	G	G		
Kürbis								G	G	G	L	L
Mais							G	G	G	G		
Melanzani							G	G	G	G		
Rettich	L	L	L	L	G	G	G	G	G	L	L	L
Wurzelpetersilie	L	L					G	G	G	G	G	G
Paprika							G	G	G	G		
Kohlsprossen	G	L							G	G	G	G
Kren	L	L	L	L	L	L	G	G	G	L	L	L
Artischoken						G	G	G	G	G	G	
Gurken						G	G	G	G			
Pfefferoni							G	G	G	G		
Radieschen				G	G	G	G	G	G			
Käferbohnen	L	L	L	L	L	L	L	L	G	G	L	L
Nüsse	L	L	L	L	L	L	L	L	L	L	L	L

Dieser Saisonkalender dient zur Orientierung. Die Reifezeiten von Obst und Gemüse können je nach Witterung und Region variieren.

■ Freiland   ■ Lager/Glashaus

Produkte von Lamm, Weidegans, Wild oder Fisch unterliegen selbstverständlich auch Saisonen, aber diese sind in verarbeiteter Form auch ganzjährig verfügbar. Die Reifezeiten von Obst und Gemüse variieren je nach Region.

Quelle: GENUSS REGION ÖSTERREICH

GENUSS ERLEBEN – VERANSTALTUNGEN 2015

Bundesland	GenussRegion	Veranstaltung	von	bis	Ort
Steiermark	Ennstal Lamm	Ennstaler Schafbauerntag mit Genuss-LammFest	13.03.15	14.03.15	Öblarn
Burgenland	Kittseer Marille	Marillenblütenwandertag	06.04.15		GH Skerlan (Edelhof), Hauptplatz 20, 2421 Kittsee
Tirol	Nordtiroler Gemüse	Radieschen Fest	25.04.15		Hall
Niederösterreich	Mostviertler Mostbirn	Tag des Mostes	26.04.15		Moststraße
Kärnten	Gurktaler Luftgeselchter Speck	15. Gurktaler Luftgeselchter Speck-kirchtag	02.05.15	03.05.15	Weitensfeld
Steiermark	Weizer Berglamm & Schaf	Schafbauernkirtag	03.05.15		Naas
Burgenland	Südburgenländische Kräuter	Planzenmarkt	20.05.15		Riedlingsdorf
Oberösterreich	Salzkammergut Wildfangfisch	Wolfgangseer Fischerfest	23.05.15		
Salzburg	Tennengauer Berglamm	Tennengauer GenussWochen	24.05.15	07.06.15	
Salzburg	Tennengauer Almkäse	Tennengauer GenussWochen	24.05.15	07.06.15	
Salzburg	Tennengauer Berglamm	GenussMarkt	24.05.15		Abtenau
Oberösterreich	Leondinger Grünspargel	Spargel & Wein	24.05.15		Leonding
Vorarlberg	Kleinwalsertaler Wild und Rind	Walser GenussTage	28.05.15	31.05.15	
Niederösterreich	Marchfeldspargel g.g.A.	Spargelfest	Mitte Mai		
Kärnten	Gailtaler Speck g.g.A.	23. Speckfest	05.06.15	07.06.15	Hermagor
Kärnten	Jauntaler Hadn	„HADN-Fest" im Kulinarikdorf	27.06.15	28.06.15	Schwabegg
Burgenland	Leithaberger Edelkirsche	Kirschencocktail	04.07.15		Donnerskirchen
Steiermark	Steirischer Kren g.g.A	Steirisches Krenfest beim GenussWirt	05.07.15		Siebing
Steiermark	Steirisches Teichland – Karpfen	Hoffest	11.07.15		FISCH GUT HORNEGG, 8504 Preding, Tobis 1
Steiermark	Südsteirische Käferbohne	Gemma Strawanzen	16.07.15	20.08.15	Siebing
Kärnten	Mittelkärntner Blondvieh	Blondviehfest	19.07.15		Eberstein
Salzburg	Großarltaler Bergbauernkäse	Musikantenroas im Tal der Almen	19.07.15		Marktplatz Großarl
Kärnten	Jauntaler Salami	Jauntaler Salamifest	02.08.15		Stift Eberndorf
Tirol	Nordtiroler Grauvieh Almochs	Grauvieh-Almfest in Schmirn	09.08.15		Schmirn
Tirol	Nordtiroler Grauvieh Almochs	Almtag der Jungbauern	09.08.15		
Tirol	Tiroler Grauvieh	Tiroler Grauvieh Almfest	09.08.15		
Niederösterreich	Laaer Zwiebel	Zwiebelfest	14.08.15	16.08.14	Laa
Kärnten	Jauntaler Salami	Farant Straßenfest	15.08.15		Globasnitz
Oberösterreich	Schlögler Bioroggen	Traditioneller Kräuterkirtag	15.08.15		Klaffer am Hochficht
Tirol	Oberinntaler Erdäpfel	Erdäpfelfest	22.08.15		Oberhofen
Tirol	Paznauner Almkäse	Markttag der GenussRegion Paznauner Almkäse	29.08.15		Ischgl
Salzburg	Pinzgauer Rind	Heuartfest	30.08.15		Marktplatz Großarl
Tirol	Wildschönauer Krautingerrübe	Tanzlmusigfest	30.08.15		Auffach
Vorarlberg	Großwalsertaler Bergkäse	Almabtrieb	Anf. September		Auf den über 50 Alpen der gesamten Region

Österreich kocht

Bundesland	GenussRegion	Veranstaltung	von	bis	Ort
Salzburg	Pongauer Wild	Wildbretfest der GenussRegion Pongauer Wild	04.09.15	06.09.15	Austragungsort wird in den Mitgliedsgemeinden ausgelost
Steiermark	Grazer Krauthäuptel	Die lange Nacht des Gemüses	05.09.15		GenussBauernhof Hillebrand, Bierbaum 43, 81841 Zettling
Tirol	Oberinntaler Erdäpfel	Erdäpfelmarkt	05.09.15		Silz
Wien	GenussRegionen aus ganz Österreich	Erntedankfest Wien	05.09.15	06.09.15	Heldenplatz
Tirol	Stanzer Zwetschke	Stanz brennt	06.09.15		Stanz
Oberösterreich	Sauwald Erdäpfel	Erdäpfelkirtag	06.09.15		St. Ägidi
Tirol	Oberinntaler Erdäpfel	Erdäpfelmarkt	12.09.15		Silz
Tirol	Oberländler Apfel	Haiminger Markttage	12.09.15	19.09.15	Haiming
Steiermark	Steirisches Kürbiskernöl g.g.A.	Kürbisfest	12.09.15		
Tirol	Oberinntaler Erdäpfel	Schölfeler Essen	18.09.15	19.09.15	Wildermiming
Tirol	Alpbachtaler Heumilchkäse	Reither Almabtrieb	19.09.15	26.09.15	Reith
Tirol	Oberinntaler Erdäpfel	Erdäpfelmarkt	19.09.15		Silz
Tirol	Wildschönauer Krautingerrübe	Almabtrieb	19.09.15		
Kärnten	Jauntaler Hadn	Hadn Herbst Fest	19.09.15	20.09.15	Neuhaus
Steiermark	Steirisches Kürbiskernöl g.g.A.	Erlebnistag Steirischer Ölkürbis	20.09.15		Stainz
Steiermark	Ennstaler Steierkäs	5. Kasfest	26.09.15		Schloss Großsölk
Niederösterreich	Waldviertler Kriecherl	Kriecherlkirtag zu Michaeli	27.09.15		Schönbach
Niederösterreich	Wiesen Wienerwald Elsbeere	Dorffest in Michelbach im „ElsbeerReich"	27.09.15		Michelbach
Tirol	Wildschönauer Krautingerrübe	Krautingerwoche	01.10.15	10.10.15	Wildschönau
Steiermark	Steirisches Teichland – Karpfen	Hoffest und Fischmarkt	17.10.15		Gleinstätten
Niederösterreich	Retzerland Kürbis	Kürbisfest	24.10.15	25.10.15	Pulkau
Niederösterreich	Retzerland Kürbis	Kürbisfest	24.10.15		Zellerndorf
Niederösterreich	Waldviertler Karpfen	Abfischfest	24.10.15	26.10.15	
Burgenland	Zickentaler Moorochse	Galaabend des Zickentaler Moorochsen	25.10.15		Südburgenland
Steiermark	Pillauer Hirschbirne	Hirschbirnwandertag	26.10.15		Pöllau
Steiermark	Gesäuse Wild	Traditionelle Hubertusfeier	06.11.15		Gstatterboden im Gesäuse
Steiermark	Hochschwab Wild	Jagdlicher Advent	28.11.15	29.11.15	Turnau

Stand: Oktober 2014

GenussWochen-Termine:
WinterGenussWochen 2015: 10. Jänner bis 1. Februar 2015   SommerGenussWochen 2015: 27. Juni bis 19. Juli 2015
FrühlingsGenussWochen 2015: 11. April bis 3. Mai 2015   HerbstGenussWochen 2015: 19. September bis 11. Oktober 2015

Diese und viele weitere Veranstaltungen der GenussRegionen finden Sie auf www.genuss-region.at

GENUSS IM NETZ

Das lukullische Vor-Ort-Erlebnis ist durch nichts zu ersetzen. Wer sich die spannende Abwechslung der regionalen Köstlichkeiten aber nicht vorenthalten möchte, kann sich ganzjährig auch aus dem Füllhorn von GenussRegions-Spezialitäten über das Internet versorgen.

Produkte

- Chutneys, Saucen & Co
- Edelbrände, Liköre & Co
- Essig
- Fleisch- und Wurstspezialitäten
- Getränke (Fruchtsaft und Obstwein)
- Getreideprodukte
- Honig, Marmelade & Gelees
- Käse
- Knabbereien
- Kräuter & Gewürze
- Nudeln
- Nüsse, Trockenfrüchte & Co
- Öl, Kürbiskernöl
- Pasteten & Aufstriche
- Schokolade
- Senf
- Sugos & Pestos

GENUSS REGION ÖSTERREICH-Onlineshop

Gratis-Hotline aus Österreich:
Tel. 08 00/10 03 50 08
Hotline-Zeiten: Mo–Do: 9–16 Uhr, Fr: 9–14 Uh
office@genuss-region-shop.at
www.genuss-region-shop.at
www.facebook.com/Genuss.Region.Shop

GENUSSWIRTE

Die österreichischen GenussWirte sind die gastronomischen Aushängeschilder der GENUSS REGION ÖSTERREICH. Sie stehen für Herkunfts- und Qualitätssicherheit ihrer angebotenen Produkte.

Und ganz gleich, ob die GenussWirte Deftiges wie aus Omas Küche auf den Tisch bringen, ihre Gäste mit spannenden und modernen Gerichten überraschen oder nur die feinsten Spezialitäten der gehobenen Küche servieren – sie alle leben Regionalität, Saisonalität und die österreichische Gastfreundschaft.

Doch nicht jeder Wirt darf sich mit diesem Titel schmücken. Um GenussWirt werden zu können, müssen eine Reihe von Kriterien erfüllt werden. Neben der Einhaltung von strengen Qualitätsstandards ist auch das Führen von mindestens zwei Leitprodukten aus den GenussRegionen Österreichs über das gesamte Jahr hinweg eine Voraussetzung für die Auszeichnung.

Durch die enge Zusammenarbeit mit den ProduzentInnen der Region wird ein wichtiger Teil zur Unterstützung der heimischen Wirtschaft beigetragen. Auch die damit verbundenen kurzen Transportwege sind nicht nur nachhaltig und schonen die Natur, sie ermöglichen auch, dass die Gäste frische Lebensmittel serviert bekommen und so mit gutem Gewissen genießen können.

Vier Mal im Jahr schöpfen die Wirte im Rahmen der GenussWochen aus dem Vollen und zeigen, wie sie aus saisonalen und regionalen Lebensmitteln im Einklang mit den vier Jahreszeiten einzigartige Gerichte zaubern.

Jedes Jahr findet auch die Wahl zum „GenussWirt des Jahres" statt, bei der die besten GenussWirte in jedem Bundesland und der beste GenussWirt Österreichs ausgezeichnet werden.

GENUSSWOCHEN

Die vier Jahreszeiten

Die GenussWirte Österreichs stehen für Herkunfts- und Qualitätssicherheit ihrer angebotenen Produkte. Sie leben Regionalität, Saisonalität und die österreichische Gastfreundschaft – und das täglich.

Vier Mal im Jahr schöpfen diese Wirte im Rahmen der Genuss-Wochen aus dem Vollen und zeigen, wie sie aus saisonalen und regionalen Lebensmitteln im Einklang mit den vier Jahreszeiten einzigartige Gerichte zaubern. Die vier Jahreszeiten mit ihren für sie typischen Köstlichkeiten genießen – das ist jedes Jahr wieder das Motto der GenussWochen.

Wenn die unterschiedlichen Produkte Hochsaison haben und frisch auf dem Tisch landen, dann schmecken sie auch am besten. Während der GenussWochen wird das ohnehin reiche Angebot an regionalen, saisonalen Spitzenprodukten bei den GenussWirten noch größer und die Gäste können die jeweilige Jahreszeit mit allen Sinnen genießen.

Jede Jahreszeit hat viele Gesichter: Mal lockt einen die golden-warme Sonne aus dem Haus, mal drängt einen der unfreundliche Nieselregen oder Schnee in die warme Stube. Egal, ob Sonnenstrahlen bei einem Essen im Freien genossen werden oder man sich eine deftige, warme Mahlzeit gönnen will – die GenussWirte kreieren mit Produkten aus den GenussRegionen saisonale Köstlichkeiten.

Die GenussWirte freuen sich das ganze Jahr darüber, mit regionalen Köstlichkeiten zu verwöhnen!

Wer sich daran ein Beispiel nimmt und saisonale und regionale Küche in seinen Speiseplan integriert, hat den vollen Geschmack am Gaumen und lebt gesünder.

Burgenland

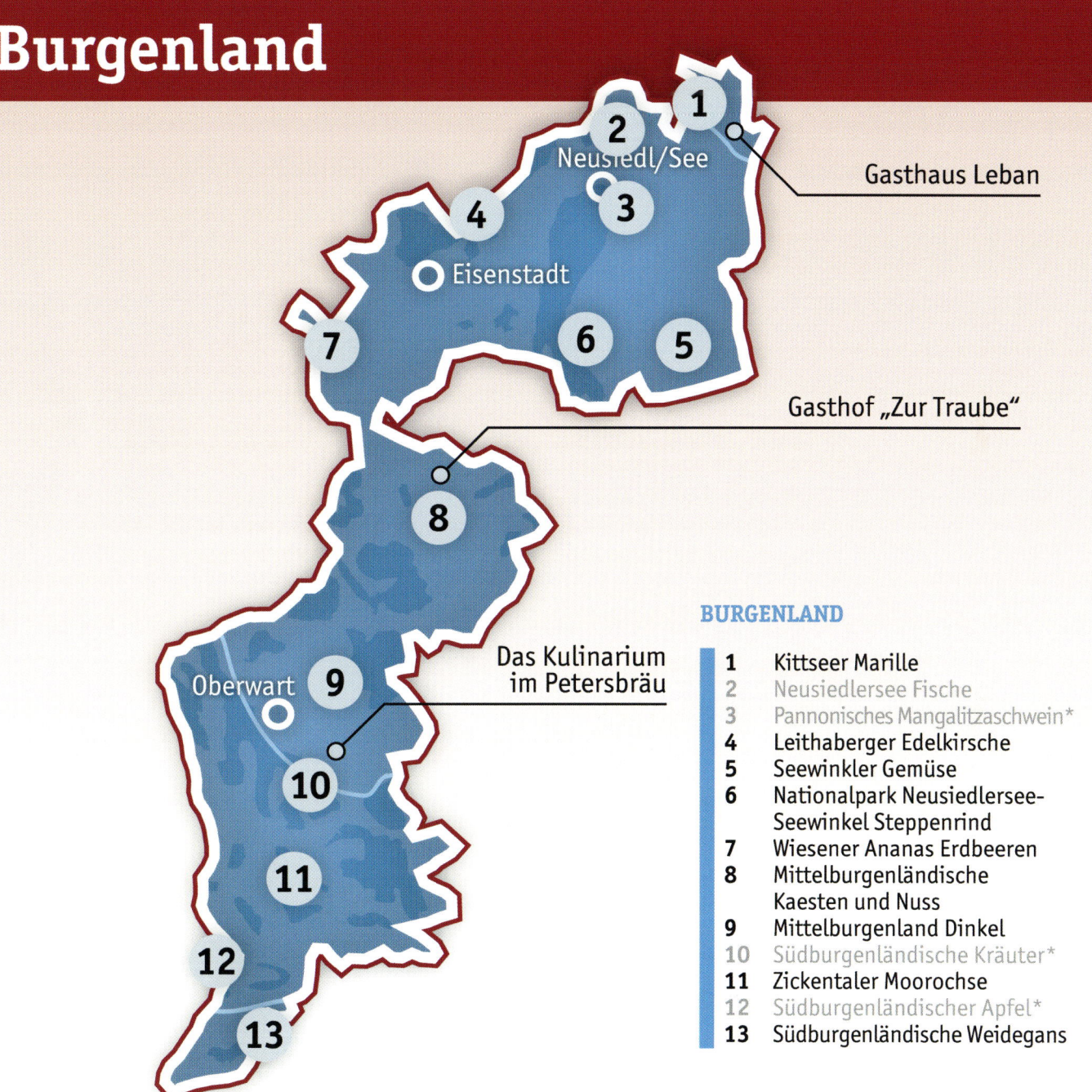

Gasthaus Leban

Neusiedl/See

Eisenstadt

Gasthof „Zur Traube"

Das Kulinarium
im Petersbräu

Oberwart

BURGENLAND

1 Kittseer Marille
2 Neusiedlersee Fische
3 Pannonisches Mangalitzaschwein*
4 Leithaberger Edelkirsche
5 Seewinkler Gemüse
6 Nationalpark Neusiedlersee-
    Seewinkel Steppenrind
7 Wiesener Ananas Erdbeeren
8 Mittelburgenländische
    Kaesten und Nuss
9 Mittelburgenland Dinkel
10 Südburgenländische Kräuter*
11 Zickentaler Moorochse
12 Südburgenländischer Apfel*
13 Südburgenländische Weidegans

*) Überprüfungsregion: GenussRegion, die
auf die Einhaltung bzw. Nachbesserung
unserer Kriterien überprüft wird.

Geschmorte Rindswangen auf Kohlrabirisotto

Das Kulinarium im Petersbräu

Zutaten

Rindswange

600 g	Rindswange, pariert
3 El	Pflanzenöl
2	Karotten
1	Stangensellerie
1	Stange Lauch
3 El	Tomatenmark
1/2 l	kräftiger Rotwein
2 l	Fleischsuppe oder Gemüsefond
	Senf
	Salz, frisch gemahlener Pfeffer
	Korianderkörner, gestoßen
	Gewürznelken, Wacholderbeeren, gestoßen
	Lorbeerblatt
	kleines Stück Anisstern
	Thymian
	etwas Kartoffelstärke zum Binden der Sauce

Risotto

240 g	Risottoreis (Arborio oder Canaro)
2	mittelgroße Zwiebeln, fein geschnitten
2 El	Olivenöl
100 ml	guter trockener Weißwein
ca. 1 l	klare Suppe
120 g	Kohlrabi, klein gewürfelt
	Salz, frisch gemahlener Pfeffer
70 g	Butter
40 g	Hartkäse, gerieben

Zubereitung

Rindswange

Karotten in Würfel, Stangensellerie und Lauch in dünne Streifen schneiden. Die Rindswangen salzen, pfeffern und mit Senf einreiben. In einem feuerfesten Topf Öl erhitzen und Rindswangen darin gut anbraten, herausnehmen und zur Seite legen.

Nun das geschnittene Gemüse im selben Topf rösten, Fleisch wieder dazugeben. Tomatenmark hinzufügen und kurz mitrösten. Mit Rotwein aufgießen, Suppe dazugeben, die Gewürze zufügen und aufkochen lassen.

Backrohr auf 175 °C vorheizen und alles im feuerfesten Topf darin etwa 1 1/2 Std. garen. Wenn die Rindswangen weich sind, diese aus dem Topf nehmen und beiseite stellen.

Gemüse, Gewürze und Saft passieren und bei Bedarf die dadurch entstandene Sauce gefühlvoll mit Kartoffelstärke binden und abschmecken.

Risotto

In einem großen Topf Olivenöl erhitzen und die fein geschnittenen Zwiebeln darin leicht andünsten, Reis zugeben und diesen so lange anrösten, bis er glasig wird. Mit Weißwein ablöschen und unter ständigem Rühren einkochen lassen. Suppe nach und nach zugießen, sodass der Reis immer mit Flüssigkeit bedeckt ist. Nach etwa 1/2 Stunde Kohlrabiwürfel zugeben, köcheln lassen. Immer wieder umrühren, damit der Reis nicht anbrennt. Die Reiskörner sollen bissfest, der Risotto soll aber sämig, cremig sein. Mit Salz und Pfeffer abschmecken, die Butter und den geriebenen Hartkäse sanft unterheben.

Tipp
Mit Koriandergrün garnieren.

Das Kulinarium im Petersbräu

Der aus Vorarlberg stammende Koch Karlheinz Jung hat auf seinen internationalen Wanderjahren, die ihn auch zur italienischen Kochlegende Gualtiero Marchesi führten, seine aus Neapel kommende Frau Francesca kennengelernt. Wer so weit herumgekommen ist, weiß um die speziellen Vorzüge von regionalen italienischen Spezialitäten bestens Bescheid.

Kein Wunder also, dass man hier vorzügliche Risotti, Gnocchi und originelle Pasta-Gerichte bekommt, als Aperitif gibt es hausgemachten Limoncello – eine neapolitanische Spezialität. Was die Produkte selbst betrifft, lieben die beiden Vollblut-Gastronomen jedoch die Schätze ihrer neuen Heimat.

Die Wirkungsstätte ist ein ehemaliger Schlachthof, ein alter Backsteinbau, der geschmackvoll renoviert und liebevoll eingerichtet wurde. Ein Sudkessel im Schankraum erinnert an die Zeiten des ehemaligen Brau-Gasthofes. Der Zickentaler Moorochse und die Südburgenländische Weidegans aus den GenussRegionen werden dabei Hauptrollen übernehmen, steirische Spezialitäten ergänzen die regionale Küchenphilosophie.

Das Kulinarium im Petersbräu

Ungarstraße 10 | 7503 Großpetersdorf
Telefon: +43 (0) 676/906 59 59
office@kulinarium-petersbräu.at
www.kulinarium-petersbräu.at

Zickentaler Moorochse

Rund um das Naturschutzgebiet Auwiesen Zickenbachtal im südlichen Burgenland zwischen den Orten Heugraben, Eisenhüttl und Rohr genießt der Zickentaler Moorochse das Flair der Feuchtwiesen, Seggenrieden mit Blick auf sanfte Hügel und die Ausläufer des Auwaldes in der GenussRegion.

Der Moorochse, meist eine Kreuzung von Galloway- und Angusrind, wächst ab dem 4. bis 6. Lebensmonat auf den ungedüngten Weiden rund um das Moor auf und hat 24 Monate Zeit für die „Genussreife" in der freien Natur. Die Tiere fressen ausschließlich saftiges Gras und duftendes Heu und betreiben so nebenbei sogar Naturschutz. Denn sie verhindern, dass zu viele Nährstoffeinträge ins Moor gelangen. Hier haben sie die Möglichkeit, zu gesunden Tieren heranzuwachsen, und das Fleisch bekommt seinen köstlichen Geschmack und die berühmte feine weiße Fettmarmorierung – eine eingespielte Symbiose.

Das Zickentaler Niedertorfmoor gilt mit einer Fläche von rund 40 Hektar als größtes im pannonischen Raum und bietet zahlreichen heimischen Vögeln und Tieren ein Zuhause. Es erstreckt sich auf einer Seehöhe von rund 250 m auf einer Länge von mehr als 1,8 km entlang des Zickenbachs. Probebohrungen zeigen, dass das Moor rund 13 Meter mächtig und über 10.000 Jahre alt ist.

Aufgrund der verschiedenen Pollenuntersuchungen wird davon ausgegangen, dass die Region bereits in der Jungsteinzeit und danach rund 5000 Jahre v. Christus besiedelt war. Heute ist es die perfekte Heimat für glückliche Moorochsen, bietet aber auch Einheimischen und Gästen traumhafte Anblicke.

Dinkel-Marillenknödel
mit Marillenröster

Gasthaus Leban

Zutaten

Marillenknödel
Teig:

1/2 kg	Topfen
2	Eier
150 g	Dinkelmehl
130 g	Dinkelgrieß
100 g	Butter
2 El	Zucker
	etwas Vanillezucker
	Prise Salz
10	mittelgroße Marillen
10	Stück Würfelzucker
2 cl	Marillenschnaps

Brösel:

250 g	Brösel
100 g	Butter
2 El	Kristallzucker
	Staubzucker zum Bestreuen

Marillenröster

1 kg	Marillen
1/8 l	Weißwein
200 g	Kristallzucker (Menge je nach Geschmack und Reifegrad der Früchte)
125 g	Butter

Zubereitung

Marillenknödel

Butter cremig rühren, die Eier und anschließend den Topfen einrühren. Die restlichen Zutaten unterheben. In eine Schüssel geben, zudecken und zum Rasten kalt stellen.

Die Kerne aus den Marillen drücken und durch Würfelzucker ersetzen.

Den Teig in marillengroße Stücke aufteilen. Mit bemehlten Händen flach drücken, auf den flach gedrückten Teig die Marillen geben, den Teig zusammenschlagen und zu Knödel formen. Die Marillen sollen komplett vom Teig umhüllt sein.

Leicht gesalzenes Wasser zum Kochen bringen. Mit Zucker und Marillenschnaps aromatisieren. Die Knödel ins kochende Wasser geben und etwa 15 Minuten leicht siedend kochen.

Während die Knödel kochen, Marillenröster zubereiten.

Handwarme Butter in einer Pfanne zerlassen, Brösel dazugeben und goldbraun rösten.

Knödel in die Pfanne legen und in den gerösteten Bröseln wälzen, bis sie rundum bedeckt sind. Auf vorgewärmten Tellern Marillenröster und Knödel geschmackvoll anrichten und Staubzucker über die Knödel streuen.

Marillenröster

Marillen entkernen und in Spalten schneiden. Ein wenig Butter in einer Pfanne aufschäumen, Kristallzucker dazugeben und leicht karamellisieren lassen. Die Marillenspalten dazugeben und mit trockenem Weißwein ablöschen. Reduzieren lassen, vom Herd nehmen und mit kalten Butterwürfeln binden.

Gasthaus Leban

Wenn sogar die Pommes Frites (GenussRegion Weinviertler Erdäpfel) und die Frittaten in der Suppe (GenussRegion Mittelburgenland Dinkel) einen kulinarischen Stammbaum haben, weiß man, dass man in einem außergewöhnlichen Gasthaus gelandet ist. Gastgeber Josef Leban hat seine Lehr- und Wanderjahre im Westen Österreichs und in München (bei Karl Ederer und Hans Haas) verbracht, bevor er mit seiner Frau Carina vor zehn Jahren zurück nach Kittsee kam, um das elterliche Gasthaus zu übernehmen.

Von Anfang an war es den Lebans wichtig, nicht nur gut zu kochen, sondern den Gästen auch zu vermitteln, womit sie kochen. Die Kittseer Marille spielt dabei natürlich eine wichtige Rolle, und zwar das ganze Jahr hindurch, etwa in Form von Säften, als Kompott oder als Marmelade. Sehr gerne kocht Josef Leban auch mit dem aus dem nahe gelegenen Nationalpark Neusiedler See-Seewinkel stammenden Steppenrind. Egal ob als Rindfleischsülze mit Kernöl-Kartoffelsalat oder als Rindsroulade mit Saftl und hausgemachten Bandnudeln – Rindfleischgerichte sind hier immer eine „Bank".

Früher stellte der nur wenige Kilometer hinter Kittsee verlaufende Eiserne Vorhang eine unüberwindbare Barriere zu den slowakischen Nachbarn dar. Heute bemühen sich die Lebans ganz bewusst, das Verhältnis zu den östlichen Nachbarn zu fördern. Einmal monatlich findet in der Gaststube ein „Offener Tisch" statt, bei dem es um grenzüberschreitende Zusammenarbeit geht. Daher ist nur konsequent, dass es die Speisekarte der Lebans selbstverständlich auch in slowakischer Sprache gibt.

Gasthaus Leban

Untere Hauptstraße 41 | 2421 Kittsee
Tel.: + 43 (0) 21 43/22 34
info@gasthaus-leban.at
www.gasthaus-leban.at

GENUSSREGION
Kittseer Marille

Auf rund 110 Hektar zwischen Donau und Neusiedler See finden die Kittseer Marillenbäume beste Bedingungen vor, um zu wachsen und zu gedeihen. Sie graben ihre Wurzeln tief in die sandigen Kalkböden und lassen ihre Früchte während der heißen Sommer reifen.

Mehr als 35.000 Marillenbäume prägen das Landschaftsbild der Gemeinden Edelstal, Kittsee, Pama und Berg und verzaubern die GenussRegion jedes Frühjahr aufs Neue in ein Blütenmeer, bevor sie im Juli zu leuchtend orangen Früchten werden und sich schließlich händisch von den Bäumen pflücken lassen.

Kein Wunder, dass die Marille nicht nur gut schmeckt, sondern auch jeden mit ihren Blüten verzaubert, gehört sie doch zu den Rosengewächsen. *Prunus armeniaca* nennt sie sich auf Latein, denn von Asien ist sie zuerst nach Armenien gekommen, um von dort aus ganz Europa zu verzaubern.

In der Region um Kittsee herrscht heute vor allem die Sorte „Ungarische Beste" vor, aber auch „Goldrich", „Bergeron", „Aurora" und „Silvercot" sind Schwestern der schönen Steinfrucht. Diese haben sich nicht nur aus kulinarischer, sondern auch aus wirtschaftlicher Sicht bewährt, denn sie besitzen neben einem hervorragenden Geschmack eine besonders gute Haltbarkeit und Transportfähigkeit.

Verspeist wird der Großteil der Kittseer Marillen als Frischobst, doch auch als Kompott, Marmelade, Kuchen oder als edle Bände und Liköre machen die Marillen eine gute Figur.

GENUSS REGION ÖSTERREICH

Gebackenes Grießkoch
in Nusspanier mit Sauerrahmeis

Gasthof „Zur Traube"

Zutaten

Grießkoch

1,2 l	Vollmilch
180 g	Weizengrieß
3	österreichische Freilandeier Größe M
1–2 El	Blütenhonig
Zeste von 1/2 unbehandelten Zitrone	
1 cl	Inländer-Rum

Panier:

	Mehl
1	österreichisches Freilandei
	geriebene Walnüsse
	Butter für die Form
	neutrales Pflanzenfett zum Herausbacken

Sauerrahmeis

600 g	Sauerrahm
800 g	Staubzucker
1/2	Vanilleschote
1/2	Zitrone, unbehandelt (Saft und Zeste)
200 ml	Schlagobers
1 Tl	Speisestärke

Tipp

Das Sauerrahmeis kann auch einen Tag vorher zubereitet werden, wenn keine Eismaschine im Haus ist.

Zubereitung

Grießkoch

Den Rand eines größeren Topfes mit Butter einfetten, damit die Milch nicht überkochen kann. Die Milch darin aufkochen. Den Grieß, den Honig und die Zitronenzesten einrühren und mitkochen lassen, bis das Grießkoch cremig ist. Vom Herd nehmen und auskühlen lassen.

3 Eier aufschlagen und Eiweiß und Dotter trennen und in zwei Schüsseln geben. In das Grießkoch den Rum und 3 Dotter behutsam einrühren. Eiweiß zu Schnee schlagen und vorsichtig unterheben. Eine schmale Backform (Kastenform) mit Butter einfetten. Das ausgekühlte Grießkoch in die Form gießen. Grießkoch im vorgeheizten Backrohr bei 120 °C ca. 30 Minuten aufbacken. Form mit Handschuhen aus dem Backofen holen, auskühlen lassen und auf ein Brett stürzen. Mit einem Messer in etwa 2 cm dicke Scheiben schneiden. Ein Ei verquirlen und Mehl und geriebene Nüsse in eigenen Schüsserln vorbereiten. Die Grießscheiben zuerst im Mehl, dann im verquirlten Ei und zum Abschluss in den geriebenen Nüssen wenden. Pflanzenöl in einer Bratpfanne erhitzen und die panierten Grießkochscheiben darin goldbraun herausbacken.

Sauerrahmeis

Die halbe Vanilleschote längs aufschneiden und das Mark herauskratzen. Sauerrahm mit Staubzucker, Vanillemark, Zitronensaft und -zesten verrühren. Schlagobers in einen Kochtopf mit Maisstärke gut vermischen und unter Rühren aufkochen lassen. In eine Schüssel füllen und abkühlen lassen. Ausgekühltes Schlagobers mit dem aromatisierten Sauerrahm verrühren und in der Eismaschine 30–40 Min gefrieren lassen. Anschließend das Eis bis zum Servieren im Eisfach aufbewahren.

Sauerrahmeis aus dem Eisfach nehmen und mit einem angewärmten Ess- oder Eislöffel Portionen ausstechen. Die gebackenen Grießkochscheiben auf einem Teller anrichten und mit dem Eis servieren.

Gasthof „Zur Traube"

In einem Gasthof, der in einem derart prominenten Weinort wie Neckenmarkt liegt und den Namen „Zur Traube" trägt, darf man sich ein umfangreiches Angebot an feinen Weinen erwarten. Ehrensache, dass es hier über 100 verschiedene Blaufränkisch gibt – schließlich befindet man sich ja im Blaufränkischland.

Auch die Speisekarte ist regional geprägt. Gerichte wie Rahmsuppe mit Bohnensterz oder ein Zander-Szegediner vermitteln dem Gast auch kulinarisch, wo er sich befindet.

Seit über 20 Jahren füllt Anna Glatz die Rolle als Gastgeberin mit einer Freude und Leidenschaft aus, die an Herzlichkeit nicht zu überbieten ist. Auch der Sohn und Patron des Hauses, Michael Glatz, ist der Überzeugung, dass Werte wie Tradition, Heimatgefühl und Authentizität immer wichtiger werden. Daher legt er auch besonderes Augenmerk auf die Herkunft der Zutaten. Es werden vorwiegend Produkte aus der Region verarbeitet. Ganzjährig wird mit GenussRegions-Produkten wie Mittelburgenland Dinkel, Mittelburgenländischen Kaesten und Nuss oder Zickentaler Moorochse gekocht. Im Spätherbst kommen die Gäste von nah und fern, um sich hier an der Südburgenländischen Weidegans zu erfreuen.

Wer die außergewöhnlichen Qualitäten von Küche und Keller in vollen Zügen genießen, und vielleicht auch noch die Neckenmarkter Weinberge bei einer Wanderung entlang des WeinStein-Weges erkunden will, ist gut beraten, im Gasthof „Zur Traube" Quartier zu beziehen. 15 liebevoll eingerichtete Gästezimmer stehen hier zu Verfügung.

Gasthof „Zur Traube"

Herrengasse 25 | 7311 Neckenmarkt
Tel.: + 43 (0) 16 10/422 56
info@gasthof-zur-traube.at
www.gasthof-zur-traube.at

Mittelburgenländische Kaesten und Nuss

Zwischen den sanften Hügeln des Mittelburgenlandes erheben sie sich mit ihren knorrigen Ästen und großen Baumkronen: die vielen Kastanien- und Nussbäume der Region.

Längst sind die Kastanienhaine mit ihren schattenspendenden Baumriesen ein beliebtes Ausflugsziel geworden und auch die nussigen Kollegen erfahren in der Region eine große Wertschätzung.

Während sich die reifen Nüsse in den Sommermonaten mit langen Stangen von den Bäumen schlagen lassen, um sich danach ausgiebige Sonnenbäder zu gönnen, sind die Kastanien einen sanfteren Umgang gewohnt. Wenn sie reif sind, lassen sie sich einfach von den Bäumen fallen und warten darauf, aufgeklaubt zu werden.

So unterschiedlich die beiden aber vielleicht auch sind, haben sie doch einige Gemeinsamkeiten: Beide Produkte werden seit vielen Generationen nicht nur wegen ihres guten Geschmacks, sondern auch wegen ihres Nährwerts und den vielen Vitaminen geschätzt. Nicht ohne Grund sehen die Walnüsse schon aus wie kleine Gehirne – sind sie doch richtiges „Brainfood" und stärken Hirnleistung und Nerven. Die Kastanien mögen es gerne heiß und geben ihren Nährwert und ihre vielen Spurenelemente erst nach dem Rösten preis, wenn dadurch das Eiweiß aufgespalten wurde.

Wer Süßes mag, ist in dieser GenussRegion genau richtig. Denn die Kaesten und Nüsse werden hier vor allem zu Nussstrudel, Kipferln, Kastanienknödeln oder Torten verarbeitet. Da die beiden Produkte aber wahre Alleskönner sind, machen sie sich auch in herzhaften Speisen als besondere Zutat ganz ausgezeichnet.

GENUSS REGION ÖSTERREICH

Mölltal-Glockner Lämmer auf der Weide

Kärnten

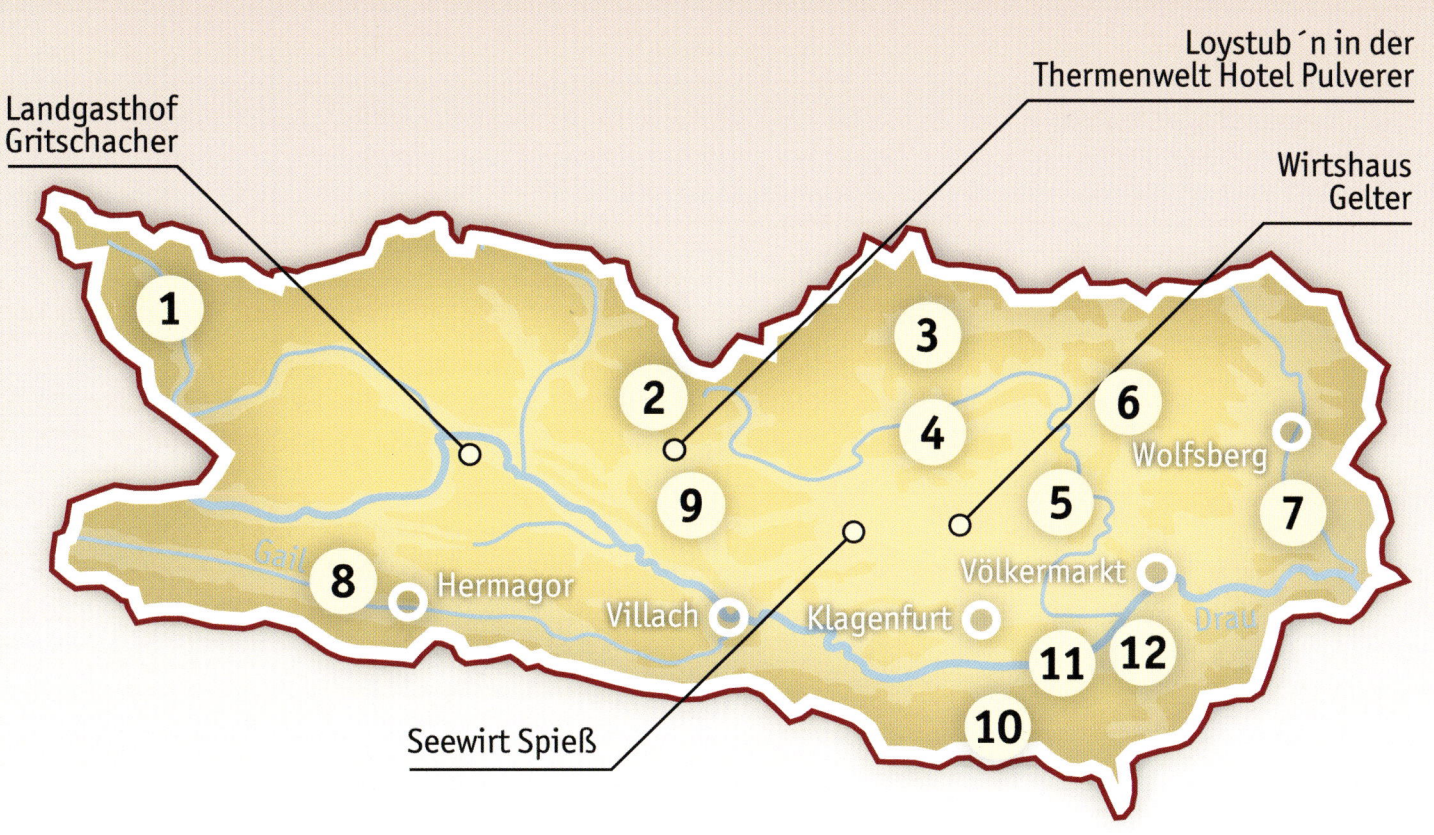

Landgasthof Gritschacher

Loystub´n in der Thermenwelt Hotel Pulverer

Wirtshaus Gelter

Seewirt Spieß

Gail

Hermagor

Villach

Klagenfurt

Völkermarkt

Wolfsberg

Drau

KÄRNTEN

1 Mölltal – Glockner Lamm
2 Nockberge Almrind
3 Metnitztaler Wild
4 Gurktaler Luftgeselchter Speck
5 Görtschitztaler Milch
6 Mittelkärntner Blondvieh
7 Lavanttaler Apfelwein VMCC
8 Gailtaler Almkäse g.U./
  Gailtaler Speck g.g.A.

9 Kärntna Låxn
10 Rosentaler Carnica Honig*
11 Jauntaler Salami
12 Jauntaler Hadn

*) Überprüfungsregion: GenussRegion, die auf die Einhaltung bzw. Nachbesserung unserer Kriterien überprüft wird.

Kärntner Kasnudeln

Zutaten

Nudelteig

500 g	Mehl universal
2	österreichische Freilandeier
100 ml	Pflanzenöl
150 ml	Wasser
	Salz

Kasnudelfülle

1 kg	Bröseltopfen von der Sonnenalm Görtschitztaler Milch
650 g	Erdäpfel mehlig
350 g	Zwiebeln
4 El	Öl zum Anrösten
1 El	frische Nudelminze, gehackt
1 El	Kerbelkraut, gehackt
1 El	Petersilienblätter, gehackt
1/2	Bund Schnittlauch, gehackt
	Salz
	frisch gemahlener Pfeffer
	Butter zum Anrösten und Übergießen

Tipp
Mit Grammalan (Grammeln) servieren.

Kärntner Sprichwort
*„A Kärntnerin, die net krendeln kånn,
die kriagt kann Månn."*

Zubereitung

Nudelteig
Aus allen Zutaten einen mittelfesten Nudelteig machen, mit einem sauberen Geschirrtuch zudecken und ca. eine Stunde rasten lassen.

Kasnudelfülle
Zwiebeln fein hacken, Öl in einer Pfanne erhitzen und die Zwiebeln darin sehr dunkel und gleichmäßig anrösten. Wasser in einem Topf zum Kochen bringen. Die Erdäpfel darin gar kochen, dann abseihen, schälen und durch eine Erdäpfelpresse drücken.

Alle Zutaten gut vermengen und mit den Händen durchkneten. Wenn nötig, kurz in einer Küchenmaschine rühren.

Mit Salz und zusätzlichen Kräutern abschmecken. Die Fülle kann sehr intensiv schmecken, da der Nudelteig später viel Geschmack zieht.

Ein Brett mit Mehl bestäuben und den Nudelteig darauf dünn ausrollen. In etwa 20 cm breite Streifen schneiden. Aus der Fülle gleichmäßige Kugeln à 40 g formen und diese gleichmäßig auf die Nudelteigstreifen darauf setzen. Danach mit beiden Händen den Teig über die Kugel schlagen. Den Teig fest um die Kugel andrücken, damit keine Lufteinschlüsse entstehen. Die Nudeltaschen mit einer runden Form großzügig ausstechen.

Die original Kärntner Kasnudel wird traditionellerweise gekrendelt. Krendeln heißt, die Teigränder zwischen den Fingern so zusammenzudrücken, dass sie eine wellenartige Form erhalten.

In einem großen Topf Wasser mit Salz zum Kochen bringen. Die Nudeln darin etwa 10 bis 12 Minuten köcheln lassen. Etwas Butter in einer Pfanne braun rösten und zur Seite stellen. Die Nudeln aus dem Wasser nehmen und auf vorgewärmte Teller legen, mit brauner Butter übergießen und mit Schnittlauch bestreuen.

Alternativ: In einer Pfanne Butter vorsichtig schmelzen. Die gekochten Kasnudeln aus dem Wasser nehmen und in der Pfanne mit der Butter beidseitig „anbrantschln" (anbraten).

Wirtshaus Gelter

Das Bekenntnis zur eigenen Herkunft wird im Wirtshaus Gelter schon beim ersten Blick in die Speisekarte offensichtlich. Wer des Kärntnerischen nicht mächtig ist, wird Schwierigkeiten haben, alles zu verstehen. Aber zum einen gibt es auf Wunsch eine Übersetzungshilfe in gedruckter Form, zum anderen stehen die Wirtsleute Christian und Gabi Gelter mit Rat und Tat zur Seite, um eventuelle sprachliche Hürden zu überwinden.

Der enge Bezug zur Heimat erschöpft sich aber nicht in der originellen Bezeichnung der Speisen oder den traditionellen Rezepten. Auch die verwendeten Grundprodukte stammen durchwegs aus der Region. Besonders gerne kocht Christian Gelter mit den GenussRegions-Produkten Mittelkärntner Blondvieh und Jauntaler Hadn (Buchweizen).

Jeder Wochentag ist einem eigenen Thema gewidmet, wobei der Sonntag, wenn traditionellerweise ein Schweinsbraten ins Rohr geschoben wird, eine besondere Erwähnung verdient. Dazu wird neben Kärntner Bier auch Most und Wein aus der näheren Umgebung ausgeschenkt. Schließlich gedeihen rund um den nahe gelegenen Längsee einige der besten Weine Kärntens, die bereits österreichweit für Aufsehen gesorgt haben.

Nach Lehr- und Wanderjahren durch die besten Küchen Österreichs hat sich Christian Gelter 2004 entschlossen, das 500 Jahre alte Gutshaus in Goggerwenig in Eigenregie zu revitalisieren und aus seinem 30-jährigen Dornröschenschlaf wieder zu erwecken. Seit 2009 bewirten die Gelters in ihrem kleinen, bodenständigen Wirtshaus Gäste aus nah und fern, wobei es für sie von Anfang an ganz wichtig war, ein gemütlicher Treffpunkt für alle Leute aus der Nachbarschaft zu sein.

Wirtshaus Gelter

Goggerwenig 8 | 9300 St. Veit/Glan
Tel.: + 43 (0) 42 12/368 78
oder + 43 (0) 660/262 62 67
office@wirtshaus-gelter.at
www.wirtshaus-gelter.at

Görtschitztaler Milch

Von Hörfeld bis nach Brückl schlängelt sich die Görtschitz durch das Tal, dem sie auch seinen Namen gibt. Auf den saftigen Almweiden des Mittelkärntner Görtschitztales machen es sich vom Frühjahr bis in den Herbst hinein die Milchkühe so richtig gemütlich.

Kärntner Witwenblume, Quirl-Haarstrang, Schafgarbe, Enzian, Zwerg-Primel und Alpenglöckchen – was klingt wie ein bunter Wiesenblumenstrauß, ist der tägliche Menüplan der Kühe und verleiht der Milch ihren besonderen Geschmack.

Angeblich reicht die Geschichte der Kärntner Milchwirtschaft bis in die Jungsteinzeit zurück. Damals schätzte man Rinder vor allem wegen ihres nahrhaften Fleisches und der gesunden Milch, die als willkommenes Nebenprodukt galt. Heute grasen rund 200 Milchkühe auf den Weiden der GenussRegion Görtschitztaler Milch.

Gleich nach dem Melken kühlen die Bauern die Milch und bringen sie in großen Kannen in die bäuerliche Kleinmolkerei in Klein St. Paul, den Milchhof Sonnenalm. Dort wird sie einer Qualitätskontrolle unterzogen, kurz pasteurisiert und anschließend als Frischmilch abgefüllt oder zu verschiedensten Milchprodukten weiterverarbeitet.

Auf eine traditionelle Spezialität sind die Kärntner übrigens besonders stolz: den Kärntner Bröseltopfen. Der Frischkäse mit natürlichem Fettgehalt wird bis heute nach alter überlieferter Rezeptur von Hand erzeugt und ist für die Zubereitung der berühmten Kärntner Kasnudeln unverzichtbar.

Geschmorte Lammkeule
mit Erdäpfel-Spinatstrudel

Landgasthof Gritschacher

Zutaten

Lammkeule

1	ausgelöste Lammkeule (ca. 2 kg samt Knochen)
	Salz, Pfeffer
	frischer Rosmarinzweig
	Thymian, klein gehackt
1	große Zwiebel
1 Bd.	Suppengrün geschnitten
1	Knoblauchzehe
1/2 l	Gemüsefond
2 El	Pflanzenöl (z. B. Rapsöl)
	Butter
	Küchenzwirn

Strudel

8	Strudelblätter oder Filoteig
	Blattspinat, frisch oder TK
3–4	Erdäpfel
2	Karotten
1 kl.	Zwiebel
1 kl.	Knoblauchzehe, klein gehackt
	Salz, frisch gemahlener Pfeffer
	Petersilie, gehackt

Paprika-Zucchini-Gemüse

1	mittlere rote Paprika, klein gewürfelt
2	kleine Zucchini, in Scheiben geschnitten
1	mittlere Zwiebel, klein gewürfelt
	Salz, Pfeffer
	Petersilie, gehackt
	Butter

Zubereitung

Lammkeule

Fleisch der ausgelösten Lammkeule mit Salz, Pfeffer, Thymian und Knoblauch innen und außen würzen. Rosmarinzweig in die Mitte legen, die Keule einrollen und mit dem Zwirn zusammenbinden. In einer Kasserolle die grob geschnittene Zwiebel und das Wurzelwerk mit etwas Pflanzenöl und dem Knochen anrösten, mit dem Gemüsefond ablöschen. Die Lammkeule auf das angeröstete Gemüse betten. Backrohr auf 140 °C vorheizen und die Keule in der Kasserolle darin etwa 2 Stunden schmoren lassen.

Die fertige Lammkeule aus der Kasserolle nehmen, in Alufolie wickeln und rasten lassen. Den Bratenfond abseihen und in einer Pfanne leicht einköchelnd reduzieren lassen. Die Keule warm stellen.

Strudel

Geschälte Erdäpfel und Karotten in heißem Wasser garen. Das Gemüse aus dem Wasser nehmen und würfelig schneiden. Zwiebel und Knoblauch klein hacken und glasig anrösten. Spinat hinzufügen und in der Pfanne schwenken. Mit Salz, Pfeffer abschmecken, Muskatnuss darüberreiben. Gemüsewürfel unter den Spinat mengen. Butter in einer Pfanne zerlassen und jeweils zwei ausgelegte Strudelblätter damit bestreichen. Etwa 2 El der Gemüsemasse gleichmäßig auf den Strudelblättern verteilen und zu einem Strudel einrollen und mit Butter einstreichen. Backrohr auf 180 °C vorheizen. Backblech mit Backpapier auslegen und Strudel darauf etwa 35 Minuten im Backrohr goldbraun backen.

Paprika-Zucchini-Gemüse

Zwiebel in Butter glasig dünsten, Paprika und Zucchini hinzufügen und weiter anrösten, mit Salz, Pfeffer und Petersilie abschmecken.

Landgasthof Gritschacher

Den Traum vom eigenen Wirtshaus „im alten Stil" haben sich Ulla und Walter Buschta im Jahr 2010 erfüllt. Zuvor hatten die beiden über 20 Jahre in Bayern gearbeitet, doch irgendwann wollten sie wieder nach Hause zurück, um etwas „Gscheites" zu machen. Dass sie mit dem Traditionsgasthof Gritschacher ein uriges Lokal gefunden haben, das auch vom Ambiente zu ihrer Vorstellung einer „alten Wirtshauskultur" passt, war natürlich ein Glücksfall.

Landgasthof Gritschacher

Sankt Peter im Holz 7 | 9811 Lendorf
Tel.: + 43 (0) 47 62/21 24
office@gasthof-gritschacher.at
www.gasthof-gritschacher.at

Die Einrichtung samt zahlreicher antiker Utensilien blieb unverändert, die Atmosphäre und die Patina wurden dadurch erhalten. Unaufgeregt, mit viel Geduld und großer Freude an der Sache gehen die beiden Wirtsleute an die Arbeit. Schließlich haben sie sich diese Lebensaufgabe selbst gestellt. Walter Buschta steht in der Küche, Ulla kümmert sich um die Gäste.

Diese freuen sich unter anderem auf Traditionsgerichte wie die Villacher Kirchtagssuppe, die ganz traditionell mit einem Stück Reindling serviert wird. Oder auf köstliche Kärntner Kasnudeln mit Sonnenalmtopfen. Oder auf ein Stück Lammfleisch, das die Buschtas vom Bergbauern Sepp Zlöbl aus der GenussRegion Mölltal-Glockner Lamm bekommen. Die Fische werden ohne viel Firlefanz zubereitet und kommen entweder als Wildfang aus dem Weißensee (Seeforelle, Reinanke) oder vom Feldsee, wo Andreas Hofer Kärntner Låxn züchtet. Bemerkenswert ist auch das Getränkeangebot. Neben Bier und Wein gibt es eine große Karte mit außergewöhnlichen Bio-Tees sowie Lavanttaler Apfel- und Birnenweine.

Mölltal – Glockner Lamm

Als Teil des Nationalparks Hohe Tauern wird das Mölltal von der Glockner- und Schobergruppe begrenzt, in der auch Österreichs höchster Berg, der Großglockner, liegt.

Und genau hier, auf den steilen Hochalmen im Oberen Mölltal, sind die Schafe und Lämmer der GenussRegion Mölltal – Glockner Lamm zu Hause. Es ist kaum zu glauben, wie geschickt und wendig die Mölltaler Schafherden auf den steilen Hochalmen im Oberen Mölltal nach ihrem Futter suchen. Dort, wo bergbäuerliche Kulturlandschaft und ungezähmte Wildnis aufeinandertreffen, fühlen sich die Tiere wohl und können gesund heranwachsen.

Wenn im Frühjahr und Herbst die Ablammzeit gekommen ist, werden die sechs bis acht Monate alten Lämmer im Lämmerschlupf noch einmal so richtig verwöhnt. Dass die Tiere auch auf dem Weg zur einer der regionalen Gemeinschaftsschlachtstätten möglichst wenig Stress und Belastung ausgesetzt werden, ist für die Bäuerinnen und Bauern eine Selbstverständlichkeit und Grundlage für den ausgezeichneten Geschmack des Fleisches.

Das Fleisch der Mölltal – Glockner Lämmer ist zart am Gaumen und mild-aromatisch im Geschmack. Sein einzigartiges Aroma führen Kenner auf das lokale Wildpflanzenfutter der Hochalmen zurück. Da das Fett einen besonders niedrigen Schmelzpunkt aufweist, schmeckt es niemals talgig und die Feinfaserigkeit des Fleisches garantiert höchsten Genuss.

Rindsroulade mit Kartoffelgebäck und Speckbohnen

Loystub'n, Roman Erlacher

Zutaten

Rindsroulade

400 g	Beiried
1	Karotte
1	gelbe Rübe
1	Zwiebel
1	Essiggurkerl
	Senf (scharf oder süß)
	Zahnstocher
	Rotwein, trocken
	Öl zum Braten
	Gemüse- oder Hühnerfond
	Salz, Pfeffer

Kartoffelgebäck

250 g	Erdäpfel, mehlig, geschält
25 g	Mehl
25 g	Maisstärke
1	österreichisches Freilandei
2	Dotter
7,5 g	Butter
	Salz, Pfeffer, Muskat
	Pflanzenöl

Speckbohnen

36 Stk.	kleine grüne Bohnen (Strankalan)
12	Scheiben Frühstücksspeck

Zubereitung

Rindsroulade

Beiried in vier gleich dicke Scheiben schneiden. Klopfen, mit Senf einstreichen und mit Salz, Pfeffer würzen. Karotte, gelbe Rübe, Zwiebel und Essiggurkerl in Streifen schneiden. Gemüse auf das ausgeklopfte Fleisch legen, einrollen und mit einem Zahnstocher befestigen.

Pflanzenöl in einer Pfanne erhitzen und Fleisch links und rechts darin scharf anbraten. Fleisch herausnehmen und beiseite stellen. Den Bratenansatz in der Pfanne mit Rotwein ablöschen und mit ein wenig Gemüse- oder Hühnerfond aufgießen. Die Roulade zurück in die Pfanne geben und 2–3 Stunden schmoren lassen.

Kartoffelgebäck

In einem Topf Salzwasser erhitzen, geschälte Erdäpfel darin gar kochen, herausnehmen und in einer Presse zerdrücken. Alle anderen Zutaten beigeben und kurz zu einer einheitlichen Masse kneten.

Teig zu Minisemmeln formen und diese in den Kühlschrank stellen. Reichlich Pflanzenöl in einer Pfanne erhitzen und Minisemmeln darin herausbacken.

Speckbohnen

Strankalan putzen, Stilende wegschneiden, waschen. In heißem Wasser kurz blanchieren. Danach in gleich lange Stücke schneiden und mit dem Speck umwickeln. Anschließend in der Pfanne auf jeder Seite 2 Minuten braten bis der Speck glasig und die Bohnen bissfest sind.

Anrichten: Rindsrouladen aus der Sauce nehmen. Sauce ordentlich durch ein Sieb abseihen und mit Maisstärke eindicken und abschmecken.

Rindsroulade, Mini-Erdäpfelsemmeln und Speckbohnen auf vorgewärmten Teller anrichten und servieren. Mahlzeit!

Loystub'n

Anderswo müssen auf antik gemachte Stuben dazu dienen, einem neu gebauten Hotel nachträglich Tradition und Bodenständigkeit zu verleihen, bei der Familie Pulverer ist alles echt. Die Geschichte der Loystub'n geht ohne Unterbrechung auf die Jausenstation des jahrhundertealten Loy-Hofes zurück, den Maria Pulverer mit ihrem Mann von 1929 an bewirtschaftete. „Nebenher" zog sie sechs Kinder groß, kochte mit Leidenschaft und war eine begeisterte Jägerin und Fischerin.

**Restaurant Loystub'n
Thermenwelt Hotel Pulverer**

Thermenstraße 4 | 9546 Bad Kleinkirchheim
Tel.: + 43 (0) 42 40/744
hotel@pulverer.at
www.loystubn.at
www.pulverer.at

Den eigenen Bauernhof gibt es nach wie vor. Von dort kommen Kalb- und Rindfleisch sowie Kräuter, Gemüse und Obst. Ganz in Marias Sinne stammt das Wild nach wie vor aus der eigenen Jagd, die Fische aus dem eigenen Fischwasser vom Sankt Oswaldbach. Milch, Käse und Topfen kommen vom Nachbarn, andere Produkte aus den GenussRegionen Kärntens. Je näher, desto lieber – so lautet das Bekenntnis der Familie Pulverer. Auch die Halbpensionsgäste kommen in den Genuss dieser Produkte, aber irgendwie schmecken sie in der verfeinerten Ausführung des À-la-carte-Restaurants Loystub'n einfach noch ein bisschen besser. Der Rahmen ist zwar traditionell, die Gerichte jedoch durchaus modern. So kommt der Kärntner Låxn mit Waldblütenhonigsenf und einem cremigen Dill-Eis zu Tisch. Weil man auch in der Wintersaison soweit wie möglich auf eigene Produkte zurückgreifen will, wird im Sommer eifrig eingelegt und eingerext. Am Weg zur Loystub'n „muss" man durch einen begehbaren Weinkeller, der auch weiter gereiste Schätze birgt und Lust auf vinophile Expeditionen weit über Österreichs Grenzen hinaus macht.

Nockberge Almrind

Als grüne Matten überziehen die Wiesen und Weiden die Kultur-landschaft der Nockberge. Abgegrenzt durch Lieser- und Gurktal, hat das Almrind hier seinen idealen Lebensraum gefunden.

Dass es hier eine derart große Vielfalt an Gräsern und aromati-schen Almkräutern gibt, verwundert nicht, ist das Gebiet doch schon seit 1887 als Nationalpark Nockberge geschützt.

Doch neben den saftigen Kräutern und Gräsern bietet das Ge-biet kristallklares Quellwasser als Durstlöscher für die Tiere.

Beim Weiden wollen die Almrinder hier hoch hinaus. Auf bis zu einer Höhe von 2.440 Metern lassen sich die Tiere schmecken, was die Wiesen und Weiden so hergeben. Dass man die Tiere hier sogar bis in die Gipfelbereiche weiden lässt, gilt als eine Besonderheit der Region.

Richtige Bergsteiger sind die Almrinder hier also, die auf den hoch gelegenen Almwiesen zu gut trainierten und gesunden Tieren heranwachsen können. Die Rassen Fleckvieh, Pinzgauer Rind und Charolais fühlen sich hier besonders wohl und ha-ben sich bestens an die klimatischen Bedingungen angepasst. Und das schmeckt man auch im Fleisch der Nockberge Almrin-der. Kenner schätzen das dunkelrote Nockfleisch wegen seiner zarten Marmorierung, seiner feinfaserigen Struktur und seiner Saftigkeit.

Verarbeitet wird das Fleisch dann sozusagen in Teamarbeit. Denn für die bäuerliche Vermarktung haben sich 14 Bäuerinnen und Bauern zur BV Nockfleisch zusammengetan und setzen sich für die Produktion nach althergebrachten bäuerlichen Rezep-turen ein.

GENUSS REGION ÖSTERREICH

Gebratenes Filet von der Seeforelle mit Risotto

Zutaten

4	Filets vom Kärntna Låxn (Seeforelle) mit Haut
1/2	Zwiebel, fein gehackt
160 g	Risottoreis oder Rundkornreis
ca. 1/2 l	Gemüsebrühe (Bio-Gemüsesuppenwürfel)
	Gemüse der Saison
1/8 l	Lavanttaler Apfelwein (süß, säuerlich)
1/16 l	Rahm
40 g	Gailtaler Almkäse g.U.
	Salz, Pfeffer
	Zitronensaft
	Butter, gutes Olivenöl
ca. 125 ml	Obers
	heimischer Hartkäse, gerieben

Zubereitung

Die Fischfilets mit Salz und Pfeffer würzen und mit Zitronensaft marinieren. Ziehen lassen.

Zwischenzeitlich einen 1/2 l Gemüsebrühe vorbereiten und griffbereit halten. Olivenöl in einer Pfanne erhitzen und die fein gehackte Zwiebel anschwitzen. Reis beigeben und kurz mitrösten, bis die Reiskörner leicht glasig werden. Danach mit Apfelwein ablöschen und unter ständigem Rühren verdunsten lassen. Nun die Gemüsebrühe nach und nach dazugeben und immer wieder verdunsten lassen. Die goldene Regel für ein sämiges Risotto ist wie bei Kindern: Nie unbeaufsichtigt lassen und immer darum kümmern (rühren). Das Risotto ist fertig gegart, wenn die Masse sämig ist, die Reiskörner noch bissfest sind (al dente).

Olivenöl mit Butter in einer Pfanne sanft erhitzen und die Fischfilets auf der Hautseite darin bei niedriger Temperatur nicht ganz durch anbraten (Vorsicht, der Fisch gart nach).

Obers und geriebenen heimischen Hartkäse unter das Risotto heben und auf vorgewärmten Tellern anrichten, Fischfilets darüberlegen und sofort servieren.

Tipp

Risotto kann mit saisonalem, gekochtem oder gebratenem Gemüse (Spargel, Pilze oder Paprika) aus der Region verfeinert werden.

Seewirt Spieß

Die großen Kärntner Badeseen sind weithin bekannt, doch unser südlichstes Bundesland hat auch jede Menge kleinere Gewässer, die sich mitunter als wahre Kleinode erweisen. So etwa der Maltschacher See, der zwar nur fünf Kilometer vom Wörthersee entfernt ist und doch wie aus einer anderen Welt erscheint. Die Familie Spieß betreibt am Ufer des Maltschacher Sees seit den 1950er-Jahren ein Wirtshaus mit ein paar Gästezimmern und in der warmen Jahreszeit einen idyllisch gelegenen Campingplatz.

Seewirt Spieß

Maltschach 2 | 9560 Feldkirchen
Tel.: + 43 (0) 42 77 / 26 37
office@seewirt-spiess.com
www.seewirt-spiess.com

Längst schon ist die nächste Generation am Werk und führt das elterliche Erbe mit Leidenschaft weiter. Claudia und Seppi Spieß geben sich nicht damit zufrieden, ihre Gäste mit herrlichen Ausblicken zu verzaubern – sie haben es sich zur Lebensaufgabe gemacht, den einzigartigen Geschmack Kärntens in unverfälschter Form auf den Teller zu bringen. Deshalb lässt es sich Chefin Claudia auch nicht nehmen, jeden Montag zum „Nuddel Kuddel Muddel" mit selbst gemachten Kärntner Nudeln einzuladen. Wo Wasser, da auch Fisch: Das Carpaccio von der Gurktaler Lachsforelle und das Filet vom Kärntner Låxn von der Fischzucht Payr in Sirnitz mit Rieslingsauce auf Zartweizenrisotto sind wahre Gaumenfreuden. Und wer Glück hat, kommt in den Genuss eines Kärntner Reindlings, der von der Oma gebacken wird. Die GenussRegions-Produkte Almkäse und Speck kommen aus dem Gailtal, das Fleisch von der GenussRegion Nockberge Almrind, die Säfte aus dem Lavanttal. Die Weinkarte bietet ausgesuchte Weine aus ganz Österreich, aber auch ein paar empfehlenswerte Tropfen aus Kärnten. Darunter auch Chardonnay und Zweigelt vom Maltschacher See, denn der Nachbar Gerald Neumaier hat sich seit ein paar Jahren dem Weinbau verschrieben.

Kärntna Låxn

Weit gestreut ist es, das Gebiet der GenussRegion Kärntna Låxn in und um die Nockberge, aber vor allem auch: voll kristallklarem Wasser. Beste Bedingungen also für den Kärntna Låxn. Was die heimischen Fischer auch als Seeforelle bezeichnen, ist eine Delikatesse die bereits im 14. Jahrhundert bekannt war und sogar bis an den kaiserlichen Hof nach Wien geliefert wurde.

Daheim im klaren Wasser finden die Fische alles vor, um gesund heranzuwachsen. Eine ihrer Besonderheiten ist ihre Größe: So manche Seeforelle wird sogar bis zu 120 cm lang und wiegt um die 20 kg. Durchschnittlich bringt der silbrige Kärntna Låxn mit seinen charakteristischen x-förmigen schwarzen Punkten aber rund ein bis fünf Kilogramm auf die Waage.

Die Fischerei liegt im wasserreichen Kärnten quasi auf der Hand. Die Seeforelle zählt zum Fisch-Urbestand und war lange Zeit der häufigste Nutzfisch.

Durch Flussregulierungen und Überfischung wurden die Forellen in den Kärntner Seen jedoch immer weniger, bis man sich vor einigen Jahren darauf besonnen hat, die Fischkultur wieder zu stärken.

Heute sind es Teichwirte wie jene in der GenussRegion Kärntna Låxn, die das Rückgrat der erstarkenden Fischkultur bilden. Vier Fischzuchtbetriebe haben es vor einigen Jahren geschafft, die in früheren Zeiten fest verwurzelte Fischart wieder zu züchten. Für Feinschmecker und Gastronomie sind sie längst wieder ein Fixpunkt auf der Speisekarte.

Das hat aber auch mit dem langsamen Aufwachsen in sauberem Gebirgswasser zu tun. Bei niedriger Temperatur und speziellem Futter dürfen die Tiere sich artgerecht entwickeln.

Durch eine geringe Besatzdichte haben die ausschließlich in Naturteichen aufgezogenen Fische ein natürliches Sauerstoffangebot. Ganz ohne Gentechnik oder Biotechnologie.

Frisches Wasser für die Fischteiche in der GenussRegion Kärntna Låxn

Niederösterreich

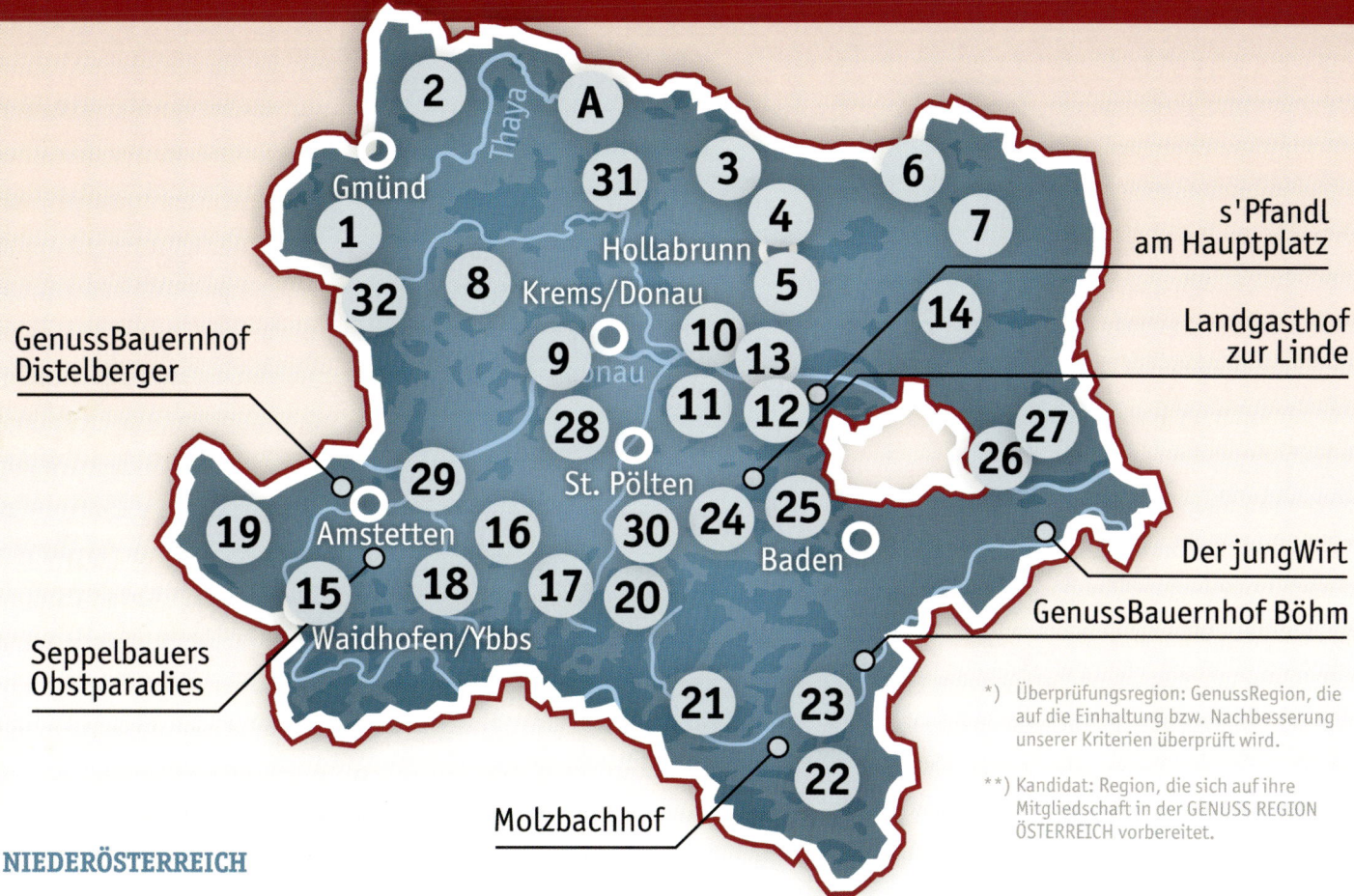

GenussBauernhof Distelberger

s'Pfandl am Hauptplatz

Landgasthof zur Linde

Der jungWirt

GenussBauernhof Böhm

Seppelbauers Obstparadies

Molzbachhof

*) Überprüfungsregion: GenussRegion, die auf die Einhaltung bzw. Nachbesserung unserer Kriterien überprüft wird.

**) Kandidat: Region, die sich auf ihre Mitgliedschaft in der GENUSS REGION ÖSTERREICH vorbereitet.

NIEDERÖSTERREICH

1 Waldviertler Erdäpfel
2 Waldviertler Karpfen
3 Retzer Land Kürbis
4 Weinviertler Erdäpfel*
5 Weinviertler Getreide
6 Laaer Zwiebel
7 Weinviertler Wild*
8 Waldviertler Graumohn g.U.
9 Wachauer Marille g.U.
10 Wagramer Nuss*
11 Traisentaler Fruchtsäfte*
12 Tullnerfelder Kraut*

13 Tullnerfelder Schwein*
14 Weinviertler Schwein*
15 Ybbstal Forelle*
16 Mostviertler Mostbirn
17 Pielachtaler Dirndl*
18 Mostviertler Schofkas
19 Alpenvorland Rind*
20 Lilienfelder-Voralpen Wild*
21 Schneebergland Jungrind*
22 Bucklige Welt Apfelmost
23 Schneebergland Schwein*
24 Wiesenwienerwald Elsbeere

25 Wienerwald Weiderind*
26 Marchfeldspargel g.g.A.
27 Marchfeld Gemüse*
28 Dunkelsteiner Hagebutte
29 Mostviertler Biohanf
30 Traisentaler Hofkas
31 Waldviertler Bio-Waldstaudekorn
32 Waldviertler Kriecherl
A Waldviertler Schlehe**

Geräucherter Sellerie mit Steinpilzen, Jungzwiebeln, Neusetzer & Selleriejus

Der jungWirt

Zutaten

1	großer Sellerie
3 El	Selleriesalz
1 El	Räuchermehl

Selleriepüree

1/8 l	Obers
1 Kl	Trüffelbutter
	Salz, Pfeffer

Selleriejus

2 El	Rapsöl
1	kleine rote Zwiebel
1/2 l	Rotwein
8 cl	Portwein, rot
1/4 l	Rind- oder Gemüsesuppe
1 Kl	Tomatenmark
1 El	schwarze Bohnenpaste
je 1	Zweig Liebstöckl und Petersilie
	Pfefferkörner, Lorbeerblatt, Wacholder
1 Kl	kalte Butter

Garnitur

4	kleine Steinpilze oder Pilze der Saison
1	Bund Jungwiebeln
1 El	Butter
	Salz, Pfeffer
8	Scheiben Neusetzer, Surspeck oder Lardo

Tipp: Räuchern

Räuchermehl in eine Pfanne geben, ein Gitter hinein-, Selleriequader drauflegen, Selleriescheiben draufsetzen, mit Deckel verschließen und stark erhitzen. Dunstabzug einschalten! Wenn's raucht, vom Herd nehmen und noch 10 Minuten weiterräuchern.

Zubereitung

Sellerie unter fließendem Wasser grünlich abbürsten, großzügig abschälen und die Schalen aufheben. Den geschälten Sellerie in einem Topf bedeckt mit Wasser & Selleriesalz sehr weich kochen. Aus dem Sellerie vier gleich große Rechtecke schneiden und die Abschnitte aufheben. Die Steinpilze putzen und in Scheiben schneiden. Die Jungzwiebeln putzen und das Grün in feine Ringe schneiden.

Selleriejus

Die Sellerieschälreste in Rapsöl anschwitzen, die grob geschnittene rote Zwiebel zugeben. Tomatenmark hinzufügen und kurz weiterrösten. Mit dem Rotwein ablöschen. Bouillon, Portwein, Bohnenpaste, Kräuter und Gewürze zugeben und kochen lassen, bis sich die Flüssigkeit reduziert. Abseihen und die kalte Butter einmixen (Stabmixer). Mit Salz und Pfeffer abschmecken.
Sellerierechteck (Dekotipp): Von dem gekochten Sellerie eine ca. 0,5 cm dicken Scheibe abschneiden. Den Sellerie innen aushöhlen. Die Reste vom Aushöhlen zu den Sellerieabschnitten geben.

Selleriepüree

Die Sellerieabschnitte mit Obers aufkochen, mit dem Pürierstab mixen, Trüffelbutter einrühren und mit Salz und Pfeffer abschmecken.

Fertigstellen: Geputzte Steinpilze und das Weiße der Jungzwiebeln in Butter anbraten und mit Salz und Pfeffer würzen. Den ausgehöhlten Sellerie mit dem Püree füllen und die Deckel wieder aufsetzen und im Sellerie-Kochfond aufwärmen. Jungzwiebeln auf einen Teller legen und die Selleriequader aufsetzen, restliches Selleriepüree daneben anrichten. Die gebratenen Steinpilze darauf verteilen und mit dem Jungzwiebelgrün bestreuen.
Je zwei Scheiben Neusetzer über den Sellerie legen und mit Selleriejus angießen.

Der jungWirt

Johannes Jungwirth kocht für sein Leben gern! Wie gut, dass er – Nomen est Omen – Wirt geworden ist und in Göttlesbrunn ein mehr als gastliches Wirtshaus führt. Jeder Monat steht unter einem anderen kulinarischen Motto. So kann man den Wechsel der Jahreszeiten auch am Teller hautnah mitverfolgen. Nur im Dezember durchbricht Jungwirth seinen saisonalen Angebotsreigen – da gibt es dann ein „Best of"!

Der jungWirt

Landstrasse 36 | 2464 Göttlesbrunn
Tel.: + 43 (0) 21 62/89 43
info@derjungwirt.at
www.derjungwirt.at

Die beliebten Wirtshausklassiker wie Kalbsrahmbeuschel, Tafelspitz oder Backhenderl stehen hier immer auf der Karte. So auch der legendäre „Blunzenburger", den Johannes Jungwirth vor über zehn Jahren erfunden hat. Am Sonn- und Feiertagen wird ein Schweinsbraten vom Tullnerfeld Schwein ins Rohr geschoben, der mit Speckkraut und federleichten Erdäpfelknödeln serviert wird. Neugierige Genießer, die dem Wirt blind vertrauen, werden beim jungWirt besonders belohnt, auch die sich dem Gemüse verschreiben. Jeden Donnerstag und Sonntag Abend gibt es ein überaus günstiges mehrgängiges Überraschungsmenü, bei dem saisonale Schmankerln im Vordergrund stehen. Das eine Mal sind das Leithaberg Krebserln, das andere Mal Marchfelder Artischocken, im Herbst dann Gansl und Wildgeflügel. Johannes Jungwirth hat auch ein besonders talentiertes Händchen für die Zubereitung von Gänseleber, die er gerne als Duett – gebraten mit Speckzwetschken und geschmorten Birnenwürfeln sowie als zartcremige Crème Brûlée – auftragen lässt. Auch schätzt der Patron die Weine des umliegenden Weinbaugebiets Carnuntum, was sich nicht nur in der Weinkarte widerspiegelt. Im angeschlossenen Weinshop kann man die besten Tropfen von 25 Top-Winzern aus der Region käuflich erwerben.

Marchfeld Gemüse

Es ist Österreichs Kornkammer und Gemüsegarten zu gleich – das Marchfeld. Im Süden begrenzt die Donau und im Osten die March dieses fruchtbare Gebiet. Und es kann doch kein Zufall sein, dass ausgerechnet hier alles so gut gedeiht. Ist es auch nicht – denn gemeinsam mit der Südoststeiermark zählt das Marchfeld zu den sonnigsten Regionen des Landes. Doch die Pflanzen bekommen hier nicht nur viel Sonne, sie können ihre Wurzeln auch in besonders fruchtbaren Boden graben, der Teil des Wiener Beckens ist.

Ein Geheimnis war das aber nie. Denn die Vorzüge des March-felds wussten bereits unsere Vorfahren zu schätzen, die hier seit vielen Generationen Gemüse kultivierten. Heute zählt das Marchfeld zu den bedeutendsten Gemüseanbauregionen Öster-reichs, eine breite Palette an unterschiedlichen Gemüsesorten angebaut wird. Neben Zwiebeln, Grünerbsen, Karotten und Spar-gel zählen auch Spinat, Salate, Schnittbohnen, Knollensellerie, Zuckermais und Kartoffeln zu den wichtigsten Gemüsekulturen der Region. Die insgesamt 60 Gemüsesorten der Region lassen aber auch wirklich keine Wünsche der gesundheitsbewussten Genießer offen.

Die Gemüsebauern der Region legen stets Wert auf einen ver-antwortungsvollen Umgang mit der Natur, deshalb halten sie sich beim Anbau ihres Gemüses an die Vorgaben. Schon bei der Auswahl des Saatgutes achten sie auf Qualität, gentechnolo-gisch veränderte Samen sind im Marchfeld nicht erlaubt.

GENUSS REGION ÖSTERREICH

Cremige Zwiebelsuppe mit gefüllter Zwiebel und Apfelmost

Zutaten

Für die Suppe

4	Zwiebeln
	Butter zum Anbraten
1/4 l	Apfelmost
1 l	Gemüsefond
200 ml	Obers
	Salz, frisch gemahlener Pfeffer
	Butterflocken

Gefüllte Zwiebel

1	Zwiebel, braun
	Salz, frisch gemahlener Pfeffer
2 El	Dinkelkörner, gehäuft
1	mittelgroßer Apfel, süßlich, klein geschnitten
	Röstzwiebeln
	Kräuter

Zubereitung

Die Zwiebeln schälen und in feine Streifen schneiden. In einem Topf etwas Butter erhitzen, Zwiebeln dazugeben, leicht salzen und bei geringer Hitze ohne Farbe anschwitzen. Sobald die Zwiebeln glasig sind, mit Apfelmost ablöschen und einreduzieren. Bevor der Apfelmost ganz einreduziert ist, den Gemüsefond und das Obers einrühren und zur Hälfte reduzieren lassen. Danach die Suppe mit dem Stabmixer fein mixen und mit Salz, Pfeffer und Butterflocken abschmecken.

In eine feuerfeste Pfanne etwas Salz geben und die ungeschälte Zwiebel darauf setzen. Backrohr auf 160 °C vorheizen und die Zwiebel in der Pfanne darin ca 40 Minuten weich schmoren.

In einem kleineren Topf gesalzenes Wasser zum Kochen bringen und die Dinkelkörner darin weich kochen. Anschließend abseihen und mit den Apfelwürfeln vermengen und würzen.

Die gegarte Zwiebel aus dem Backrohr nehmen und auskühlen lassen, den Strunk abschneiden und die Zwiebelschichten vorsichtig voneinander lösen. Vier gut erhaltene Zwiebelschichten mit Dinkel-Apfelmasse füllen.

Anrichten: Die gefüllten Zwiebelschichten in die Mitte der Suppenteller setzen, mit Röstzwiebeln und Kräutern garnieren und mit der Suppe aufgießen.

Tipp

Servieren Sie zu Ihrer Suppe am besten frische Handsemmeln oder Vollkorngebäck, idealerweise mit Dinkel.
Getränketipp: reinsortiger Apfelmost z. B. Kronprinz Rudolf

Molzbachhof

Die Seele baumeln lassen im Paradies? Wieso denn nicht, wo der Molzbachhof doch über ein eigenes Paradiesgart'l verfügt. Erholung für Leib und Seele wird hier ganz groß geschrieben. Das idyllische Paradiesgart'l erfüllt aber auch ganz irdische Zwecke. Hier befindet sich die sorgsam gepflegte Kräuterspirale, die auch für die Küche eine große Rolle spielt.

Die frischen Kräuter dienen zum Würzen der Gerichte, in getrockneter Form werden sie zu Tees, Salzen und Öl verarbeitet. Die Familie Pichler will ihren Gästen eben auf allen Ebenen etwas ganz Besonderes bieten. Dazu gehört auch, dass man nicht nur das Brot selbst bäckt, sondern auch das Mehl in der eigenen Mühle mahlt. Die gleiche Sorgfalt lässt Juniorchef Peter Pichler, der im Sommer 2013 nach Erfahrungen in Top-Restaurants im In- und Ausland zurückkehrte, auch beim Einkauf der sonstigen Grundprodukte walten. Fleisch und Gemüse stammen von landwirtschaftlichen Partnerbetrieben aus der Region. Neben bodenständigen Gerichten aus der traditionellen österreichischen Küche gibt es seit der Rückkehr des Juniorchefs ein mehrgängiges Genussmenü mit durchaus kreativen Elementen. Wer es gesund liebt, muss bei köstlichen vegetarischen Gerichten und hausgemachten Kräutertees auf nichts verzichten. Es gibt aber auch erstklassige Fisch-, Fleisch- und Wildgerichte sowie einen bestens bestückten Weinkeller. Genießerzimmer und Verwöhnangebote im Wellnessbereich laden zum längeren Verweilen ein.

Molzbachhof

Tratten 36 | 2880 Kirchberg/Wechsel
Tel.: + 43 (0) 26 41/22 03
office@molzbachhof.at
www.molzbachhof.at

Bucklige Welt Apfelmost

Dort, wo die Ausläufer der Ostalpen sich hin zur Ungarischen Tiefebene neigen, da formen Dörfer, Gemeinden und Städtchen gemeinsam mit Wiesen, Feldern und Wäldern eine eigene Welt, die Bucklige Welt. Die 1.000 Hügel werden „Buckel" genannt und hinter jedem dieser Buckel gibt es etwas zu entdecken.

Die alten Apfel- und Birnenbäumen prägen das malerische Landschaftsbild und die artenreichen Obstgärten verleihen besonders zur Blütezeit der ansonsten rau wirkenden Landschaft einen gewinnenden Charme.

Die Apfelbäume sind aber nicht nur hübsch anzuschauen, ihre Früchte werden in der Buckligen Welt gekonnt zu Apfelmost verarbeitet.

Mündlichen Überlieferungen zufolge geht die Kulturgeschichte des Mostes bis auf die Kelten zurück, die schon damals seiner gesunden Wirkung vertrauten. Zu jener Zeit soll der Most noch ein recht herbes, unkultiviertes Getränk gewesen sein. Erst die Römer führten die Kunst des Veredelns ein. Perfektioniert haben den Most jedoch erst die vielen erfahrenen ProduzentInnen der GenussRegion.

Zur Erntezeit, im Spätsommer oder Herbst, schütteln die Mostbauern die vollreifen Äpfel von den Bäumen und lesen sie sorgfältig von Hand auf, bevor sie zu diesem köstlichen Getränk verarbeitet werden.

Der Bucklige Welt Apfelmost verfügt über Geschmacksnuancen, die von den zahlreichen lokalen Apfelsorten geprägt sind. Sein Farbton ist je nach Apfelsorte und Reifezustand blassgelb bis goldgelb.

Was Sie schon immer über Most wissen wollten ...

Dem verführerischen Aroma von Kernobst eilt schon seit Adam und Eva ein Ruf voraus. Nicht verwunderlich also, dass die Most- und Obstweinproduktion in Österreich auch schon auf eine lange Geschichte zurückblicken kann. Obwohl lange Zeit angenommen wurde, dass die Kelten die ersten Mosthersteller gewesen seien, geht man heute davon aus, dass wesentlich früher – bereits in der Jungsteinzeit – vielen Völkern europaweit die Verwendung von Obst zur Herstellung alkoholischer Getränke bekannt war. Das Wort Most stammt aus dem Lateinischen, weswegen oft die Annahme verbreitet war, dass auch das Wissen um die Obstweinkelterei erst mit den Römern nach Österreich reiste. Doch schon die im Alpenraum ansässigen Germanen wussten den Obstwein zu schätzen und herzustellen, nannten ihn jedoch „Lit". Im Jahr 1763 ordnete Kaiserin Maria Theresia an, entlang sämtlicher Landes- und Bezirksstraßen der Monarchie Streuobstbäume zu pflanzen, was dem Most einen weiteren Aufschwung gab. Einen Höhepunkt erreichte die Mostkultur im 19. Jahrhundert, als die josephischen Agrarreformen vorgaben, den Obstbau zu intensivieren. Die Bauernbefreiung, die zunehmende Industrialisierung und der Ausbau der Westbahnstrecke taten ein Übriges und verwandelten die Mostkeller ab Mitte der 2. Hälfte des 19. Jahrhunderts in wahre (flüssige) Goldminen. Die nächste Hochsaison erlebte der Apfel- und Birnmost in der Zwischenkriegszeit zwischen Erstem und Zweitem Weltkrieg, da er in jenen Jahren erschwinglicher als der Wein war, man ihm gesunde und verdauungsfördernde sowie kräftigende Wirkung nachsagte (vgl. Cerny/Brachner, Der Most, S. 32ff.). Danach fiel der Most in vielen Bereichen in kulinarische Vergessenheit. Moderne Kellertechnik gepaart mit dem traditionellen Wissen um die Herstellung lassen aber heutzutage wahre Geschmackswunder entstehen und machen den Apfelwein, den Birnenmost und Apfel-Birnenmischmoste zum neuen Trendgetränk in Österreich.

Most als Aperitif: Mostini

Robert Letz, Schlosspark Mauerbach

Zutaten

- 2 cl Granatapfelsirup
- 1 Tl Granatapfelkerne
- 1/8 l Apfelmost, herb
- 1/8 l Sodawasser
- 2 Minzblätter

Als Aperitif oder zur Cocktailparty
ist ein spritziger Mostini genau das Richtige!

Zubereitung

Zuerst Granatapfelkerne aus der Schale lösen und ins Weinglas geben. Most ins Glas gießen sowie Minze und den Sirup hinzufügen. Mit Sodawasser aufspritzen.

Tipps

Mostini schmeckt auch mit Birnenmost hervorragend. Hierbei nur die Minzblätter durch Zitronenmelisse ersetzen.
Wer heimisches Obst Granatäpfeln vorzieht, kann den Granatapfelsirup durch Ribiselsirup ersetzten und anstatt der Granatapfelkerne Ribiseln ins Getränk geben.

GenussBauernhof Böhm

Herbert und Maria Böhm halten von Monokulturen, die mancherorts als scheinbar effizientere Form der Landwirtschaft gepriesen werden, rein gar nichts. Sie leben und arbeiten nach dem Motto „Landwirtschaft mit Vielfalt". So tummeln sich auf den Wiesen und in den Ställen selten gewordene Rinderrassen und glückliche Schweine.

Im kleinen Stil wird Ackerbau betrieben, damit man ausreichend Futter für die Tiere (und Treibstoff für den Traktor) hat. Sonnenblumen und Ölkürbisse werden zur Weiterveredelung benutzt. Aus den Kürbiskernen wird feines Kernöl gepresst, der Presskuchen wiederum ist ein Leckerbissen für die Tiere. Außerdem haben die Böhms noch je zwei Hektar Weingärten und Streuobstwiesen mit vielen Apfelbäumen, aus denen sie einen weithin gepriesenen Most pressen. Die Fleisch- und Wurstwaren werden am Hof produziert und können im Hofladen erworben oder im Heurigen genossen werden. Maria Böhm ist in der Küche für das leibliche Wohl der Gäste verantwortlich, während sich Herbert im Gastraum ums Service und die Unterhaltung kümmert. Legendär sind seine musikalischen Löffel-Soli, die es mittlerweile sogar auf YouTube zu bestaunen gibt.

Herbert und Maria Böhm

Hauptstraße 86 | 2801 Katzelsdorf
Tel.: + 43 (0) 26 22/780 01
heuriger.boehm@aon.at
www.heuriger-boehm.at

GenussBauernhof Distelberger

Was ist der besondere Schatz des Mostviertels? Genau – jahrhundertealte, mächtige Mostbirnenbäume mit ihren herb-aromatischen Früchten. Man kann sie nicht essen, die Mostbirnen, aber sie eignen sich für unterschiedliche Verarbeitungsformen. Wenn man z. B. den herrlich süßen Birnensaft vergärt, erhält man eine weltweit einzigartige Spezialität – den Birnenmost. Diese Mostkultur zu pflegen und zu neuem Leben zu erwecken, das haben sich Irmi und Toni Distelberger als Mostbarone zum Ziel gesetzt.

GenussBauernhof Distelberger

Gigerreith 39 | 3300 Amstetten
Tel.: + 43 (0) 74 79 / 73 34
info@distelberger.at
www.distelberger.at

Viel Liebe und Innovation gehören dazu. Die als „MostPionier" ausgezeichnete Familie Distelberger verfügt über ein großes Spezialitätensortiment: sortenreine Birnenmoste, naturbelassene Fruchtsäfte, Birnensekt aus Flaschengärung, edle Brände, Birnensenf und -chutney, vor allem aber auch Essige wie den wertvollen Birnenbalsam-Essig.

Der imposante Vierkanthof im Mostviertel beherbergt einen Mostheurigen, der zum gemütlichen Verweilen, Verkosten und Genießen einlädt. Gleich daneben im Genussladen stehen die Köstlichkeiten auch zum Einkauf bereit. Hier kann man sich auf eine Entdeckungsreise in die Welt der Mostviertler Mostbirn machen und ein Stück Österreich entdecken!

Salatmarinade mit Birnenbalsam-Essig

Birnenbalsam-Essig und Walnussöl im Verhältnis 3:1 mischen, mit Salz und Pfeffer zu einem Dressing verrühren, Walnüsse klein hacken, in einer Pfanne leicht anrösten und daruntermischen.
Zwiebel würfelig schneiden, auf den Salat geben. Frische Kräuter (Schnittlauch, Estragon ...) fein hacken und darüberstreuen. Die Marinade über den Salat gießen und gut mischen.
So gelingen der „beste Paradeis-Salat der Welt!" und herrliche Blattsalate.

Seppelbauer's Obstparadies

Das Mostviertel ist ein fruchtbares Land. Bernhard und Brigitte Datzberger haben das wörtlich genommen und ihren Betrieb zu einem fruchtigen Obstparadies weiterentwickelt. Seit über 20 Jahren beschreiten die beiden engagierten und stolzen Bauern den (anfangs steinigen) Weg in Richtung Selbstvermarktung.

Eine zentrale Rolle spielen dabei natürlich die Birnbäume, aus denen nicht nur verschiedene Moste und Säfte gewonnen werden, sondern auch Balsamico-Essige und Edelbrände. Bernhard Datzberger ist ein begnadeter Schnapsbrenner, der zudem geprüfter Obstweinverkoster und Edelbrand-Sommelier ist. Deshalb weiß er, dass die Qualität seiner flüssigen Genussmittel in den Obstgärten entsteht. Auf den Einsatz von Erntemaschinen wird verzichtet, sämtliches Obst wird von Hand gepflückt. Im arbeitsintensiven Herbst arbeiten auch die Eltern sowie die drei Kinder bei der Apfel- und Birnernte mit. Anfang der 1990er-Jahre haben die Datzbergers eine große Obstanlage mit Heidelbeeren angelegt, dazu gibt es noch zahlreiche Himbeer-, Brombeer- und Johannisbeersträucher.

Ihre Produkte sind direkt ab Hof und in vielen kleinen Lebensmittelgeschäften in ganz Niederösterreich und Wien erhältlich. Wichtige Vertriebspartner sind natürlich auch die umliegenden Gasthäuser, die es schätzen, ihre Gäste mit erstklassigen Produkten aus der Region verwöhnen zu können.

Datzbergers Mostviertler Schofkas

Der Mostviertler Schofkas ist eine traditionelle Spezialität, die es seit vielen Jahrhunderten gibt. Zumeist wurde er von den Bauern jedoch nur für den Eigengebrauch auf den jeweiligen Höfen produziert. Landwirte, die weitläufige Obstgärten besitzen, halten Schafe besonders gern, weil sie sich problemlos von den Wiesen zwischen den Obstbäumen ernähren können.

Von April bis Oktober, wenn die Wiesen in voller Blüte stehen und die Schafmilch entsprechend aromatisch schmeckt, hat auch der Mostviertler Schofkas Saison. Dessen Herstellung ist sehr aufwendig. Rund 50 Liter unpasteurisierte Milch, die ihre ostfriesischen Milchschafe täglich liefern, verarbeiten die Datzbergers in zwei Durchgängen zu einem herrlich zarten Frischkäse. Dieser wird von privaten Genießern genauso geschätzt wie von der umliegenden Gastronomie. Puristen genießen den Mostviertler Schofkas nur mit Schnittlauch bestreut zu einem knusprigen Bauernbrot. Man kann ihn aber auch a la Caprese mit Basilikum und frischen Tomaten servieren. Um den Geschmack des Mostviertels dabei noch weiter zu betonen, sollte man dann statt Olivenöl und Balsamico besser Rapsöl und Birnenessig zum Würzen verwenden.
www.seppelbauer.at

Brigitte & Bernhard Datzberger

Pittersberg 12 | 3300 Amstetten
Tel.: + 43 (0) 74 72 / 646 60
seppelbauer@direkt.at
www.seppelbauer.at

Schweinslungenbraten im Strudelblatt mit Erdäpfel-Schupfnudeln

Restaurant s'Pfandl

Zutaten

Lungenbraten

2 Stück	Schweinslungenbraten, pariert
8	dünne Scheiben Vulcanland Schinken
1	Bund Peterslilie, gehackt
3 El	Estragonsenf
1	österreichisches Freilandei zum Bestreichen
	Pflanzenöl
200 g	Strudelblätter (1 Packung)

Schupfnudeln

250 g	Erdäpfel, mehlig (Sigma oder Dita)
ca. 150 g	griffiges Mehl
ca. 30 g	Hartweizengrieß
	Salz, Muskatnuss
50 g	Butter zum Anbraten

Zubereitung

Lungenbraten

Enden vom Lungenbraten abschneiden und Mittelstück salzen und pfeffern. In einer Pfanne Pflanzenöl erhitzen und Lungenbraten darin auf allen Seiten scharf anbraten. Aus der Pfanne nehmen, auf ein Küchentuch legen, abtupfen und auskühlen lassen.

Teigblätter auf ein feuchtes, sauberes Küchentuch legen und die Vulcanland Schinkenscheiben darauflegen. Gehackte Petersilie mit Senf abrühren und auf dem Vulcanland Schinken verteilen. Den ausgekühlten Lungenbraten auf das untere Drittel des Teiges legen und mithilfe des Küchentuches fest einrollen. Die Ränder einschlagen. Die Teigblätter nun mit dem gequirlten Ei bestreichen und kalt stellen.

Backrohr auf 180 °C vorheizen. Backpapier auf ein Blech legen, Strudel darauf platzieren und für etwa 8 Minuten backen. Herausnehmen und unter Alufolie ziehen lassen.

Schupfnudeln

Mehlige Erdäpfel kochen, schälen und auskühlen lassen. Durch Presse drücken. Mit Salz und Muskatnuss würzen und Butter, Dotter, Grieß und Mehl sanft untermengen. Sofort auf einem Brett wuzeln und in vorbereitetem, heißem Salzwasser blanchieren. Abschrecken, abtropfen lassen und in einer Pfanne mit heißer Butter goldgelb braten.

Anrichten: Strudel mit einem scharfen Messer aufschneiden und mit Beilagen auf vorgewärmten Tellern anrichten.

Tipp

Dazu passt Gemüse der Saison – siehe Saisonkalender.

Restaurant s'Pfandl

Direkt am Tullner Hauptplatz betreibt Kurt Hoffmann mit dem s'Pfandl seit gut fünf Jahren ein ambitioniertes Gasthaus, das kulinarisch weit mehr bietet, als man auf den ersten Blick erwarten würde. Durchgehend geöffnet dient dieser gastliche Ort den Tullnern von früh bis spät als beliebter Treffpunkt. Mittags und abends kommen auch Feinschmecker auf ihre Rechnung.

Hoffmann ist es dabei ein Herzensanliegen, die kulinarische Vielfalt von ganz Niederösterreich darzustellen, was auf der Speisekarte auch vorbildlich vermerkt ist. Obst und Gemüse sowie Fisch und Fleisch kommen fast ausschließlich aus der näheren und weiteren Umgebung. Saisonale Schwerpunkte – vom Marchfelder Spargel über die Wachauer Marille bis zu Pielachtaler Dirndln und dem Waldviertler Karpfen – ergänzen das kulinarische Angebot im Jahresverlauf. Alles natürlich Produkte aus niederösterreichischen GenussRegionen. Besonders gerne kocht Hoffmann in der warmen Jahreszeit mit Schwammerln und Pilzen, wobei er auch dabei immer auf die regionale Herkunft achtet. Im Sommer kann man es sich im Gastgarten vor dem Lokal oder auf der Dachterrasse gemütlich machen. Das ganze Jahr über stehen drei sehr schön eingerichtete Stüberln zu Verfügung. Im historischen Nibelungenstüberl wacht eine originale Ritterrüstung über den Hausfrieden. Regelmäßig veranstaltet der kunstsinnige Gastronom Ausstellungen von zeitgenössischen Künstlern, die dem Lokal zusätzliches Flair verleihen.

s'Pfandl

Hauptplatz 25 | 3430 Tulln
Tel.: + 43 (0) 22 72 / 666 70
www.s-pfandl.at
essen@s-pfandl.at

Tullnerfelder Schwein

Im Tullnerfeld ist das Schwein schon lange zu Hause. Dort, wo die Donau einst eine Schotterfläche angeschüttet hat, die sich heute von Krems bis zur Wiener Pforte erstreckt, fühlen sich die Schweine sauwohl.

In der Region um Tulln befand sich einst das römische Siedlungsgebiet Comagena und man geht davon aus, dass in dieser Region bereits damals Schweine gehalten wurden.

Seinerzeit sahen die heimischen Schweine aber ihren wilden Verwandten, den Wildschweinen, noch sehr ähnlich.

Die besonderen Schweine aus der GenussRegion Tullnerfelder Schwein werden heute von rund 65 Bauern gezüchtet. Die jungen Ferkel werden meistens im eigenen Betrieb geboren und auch aufgezogen. Niemals aber kommen sie aus dem Ausland.

Für die Zucht des besonderen Schweines haben sich die Muttertiere der Rassen Edelschwein, Landschwein oder Duroc und für die Vatertiere die Rasse Piétrain besonders bewährt. Und dieser „Dreirassenkreuzung" verdankt das Tullnerfelder Schwein seinen guten Geschmack und die Ausgewogenheit des Fleisches.

Wenn die Tiere rund 100 kg wiegen, sind sie schlachtbereit. Stress erleben die Tiere aber auch nach ihrer schönen Zeit daheim am Bauernhof nicht. Denn für die Landwirte der Region ist es selbstverständlich, den Tieren einen möglichst kurzen und stressfreien Transport zum Schlachthof zu bieten. Durch diesen respektvollen Umgang mit den Tieren bekommt aber auch das Fleisch seinen ausgezeichneten Geschmack und lässt sich mit gutem Gewissen genießen.

Elsbeer-Schokoladentorte

Zutaten

Elsbeertorte

150 g	Butter, handwarm
10	österreichische Freilandeier, getrennt
200 g	Staubzucker
150 g	Mandelblätter
150 g	Haselnüsse, gerieben
100 g	Elsbeeren, gehackt
170 g	Bitterschokolade 60 %, geschmolzen
60 g	Kristallzucker
	Butter und Mehl zum Ausstreichen der Form

Elsbeer-Marzipaneinlage

300 g	Rohmarzipan
150 g	Elsbeeren
	Klarsichtfolie

Schokoladencreme

500 g	Schlagobers
150 g	Zartbitterschokolade 50 %, fein gehackt

Schokoladesplitter

100 g	Bitterschokolade 70 %
2 Blatt	Overheadfolie A4

Zum Verzieren

100 g	Mandelsplitter, geröstet (für den Tortenrand)
100 g	Feinbitterschokolade, geraspelt
200 g	säuerliche Marmelade

Zubereitung

Elsbeertorte

Butter mit Staubzucker schaumig schlagen und Dotter langsam einrühren, die geschmolzene Schokolade unterziehen. Eiklar mit Kristallzucker steif schlagen. Eischnee, Haselnüsse, Mandeln, und Elsbeeren in die Butter-Dottermasse unterheben. Backform einfetten und mit Mehl bestäuben und die Teigmasse in die Form füllen. Backofen auf 170 °C vorheizen und den Kuchen darin 60 bis 70 Minuten backen, herausnehmen und abkühlen lassen.

Elsbeer-Marzipaneinlage

Rohmarzipan mit den Elsbeeren verkneten. Zwischen zwei Klarsichtfolien die Marzipanmasse mit dem Nudelholz auf etwa 3 mm ausrollen.

Schokoladencreme (am Vortag zubereiten)

In einem Topf Schlagobers aufkochen und Schokolade darin schmelzen. Für die Weiterverarbeitung etwa 12 Stunden im Kühlschrank rasten lassen. Dann die Obersschokolade wie Schlagobers steif schlagen.

Fertigstellen:

Die ausgekühlte Elsbeerentorte zweimal durchschneiden (3 Teile). Den unteren Boden gleichmäßig mit Marmelade bestreichen. Die ausgerollte Elsbeer-Marzipaneinlage vorsichtig von der Folie befreien und auf den Tortenboden legen und mit Schokocreme bestreichen! Mittleren Tortenboden auflegen und ebenfalls mit Schokocreme bestreichen. Obersten Tortenboden auflegen und ganze Torte rundherum mit Schokoladencreme einstreichen. Den Tortenrand mit den gerösteten Mandelblättern verzieren und Schokoladenraspeln auf Tortenoberseite streuen. Restliche Schokocreme in einen Spritzsack füllen und Torte damit dekorieren.

Landgasthof zur Linde

Der Wald spielt für Gertrud und Robert Geidel eine wichtige Rolle. Zum einen trägt ihr Gasthof seit über 200 Jahren den schönen Namen „Zur Linde", zum anderen liegt der kleine Ort Laaben mitten im malerischen Wienerwald.

Robert Geidel beschäftigt sich in der Küche mit viel Fantasie damit, wie er den Geschmack des Wienerwalds möglichst originell auf den Teller bekommt.

Landgasthof zur Linde

Hauptplatz 28 | 3053 Laaben
bei Neulengbach
Tel.: + 43 (0) 27 74 / 83 78
linde@landgasthof-zur-linde.at
www.landgasthof-zur-linde.at

Seine Frau Gertrud unterstützt ihn dabei tatkräftig und stellt gleich zur Begrüßung Brot mit Aufstrichen auf den Tisch – serviert auf einem Holzbrett mit Baumprofil! Darf's dazu vielleicht ein Haus-Aperitif sein? Ein Glas Schaumwein, mit edlem Elsbeerenbrand aus dem Wienerwald verfeinert, eröffnet den kulinarischen Reigen. Die Elsbeere aus der GenussRegion Wienerwald Elsbeere kommt bei verschiedenen Gelegenheiten zum Einsatz, etwa als Gelee zum Gänseleberwürfel oder beim Dessert als Füllung eines flaumigen Topfenknödels, der zusammen mit gebackenen Elsbeeren den Wienerwald von ungewohnt süßer Seite zeigt. Wie es sich für einen bodenständigen Landgasthof ziemt, bekommt man hier natürlich auch die Klassiker der österreichischen Küche serviert, doch besser folgt man den Geidels bei ihren fantasievollen kulinarischen Versuchungen. Wunderbar etwa der Alpenlachs, der auf heißem Salzstein serviert und von Tatar und Kaviar begleitet wird. Die regionale Herkunft der Produkte ist den Geidels sehr wichtig. Penibel wird auf der Karte aufgeführt, was sie von welchem Produzenten beziehen. Bei dieser Lektüre kommt man mitunter ins Schmunzeln: Als Lieferanten der Steinpilze werden „Freunde und Verwandte" genannt.

Wiesenwienerwald Elsbeere

Das Reich der Elsbeere, der Wiesenwienerwald, erstreckt sich über den südlichen Teil des Wienerwaldes über rund 600 km² auf einer Seehöhe zwischen 300 und 700 Metern. Dort regiert die Elsbeere und prägt mit ihren Bäumen und deren prächtigen großen Kronen das Landschaftsbild der GenussRegion.

Schon seit Jahrtausenden besiedelt der Elsbeerbaum die Laubwälder Mitteleuropas bis hin zum Kaukasus. Auch den alten Römern war er wohlbekannt. Bereits im Mittelalter wurde die Elsbeere auf Märkten angeboten und in der Volksmedizin wurde sie wegen ihrer Wirkung gegen langwierige Verdauungsstörungen schon früh eingesetzt.

Was die bis zu 200 Jahre alten Baumriesen wohl alles zu erzählen hätten, kann man sich nur vorstellen. Heute hat es zum Glück wieder Tradition, die großen Elsbeerbäume zu pflegen. Denn die Verwandten der Vogelbeere tragen erst im reifen Alter Früchte: Nur Bäume, die älter als zwölf Jahre sind, bilden im Frühling, etwa von Mai bis Juni, weiße, rispenförmige Blüten.

Von Ende September bis November brauchen die erlesenen Früchte, bis sie dazu bereit sind, geerntet zu werden. Denn dann haben sie ihren typischen mandel-marzipanähnlichen Geschmack entfaltet und beweisen, welch köstliches Potenzial in ihnen steckt.

Dass die Elsbeere eine wahre Königin ist, zeigt sie auch bei der Ernte. Denn die Beeren fallen nicht ab. Nur per Hand können die Pflücker die wertvollen Früchte ernten und dabei müssen sie auch noch darauf achten, dass ihnen die Vögel nicht zuvorkommen. Mit Gurten gesichert klettern sie auf den langen Leitern die Bäume hinauf, um zu den roten Beeren zu kommen, die schließlich zu Trockenfrüchten, Schokolade oder zum berühmten Elsbeeren-Schnaps verarbeitet werden.

GENUSS REGION ÖSTERREICH

Waldviertler Landschaft im Morgenlicht

Oberösterreich

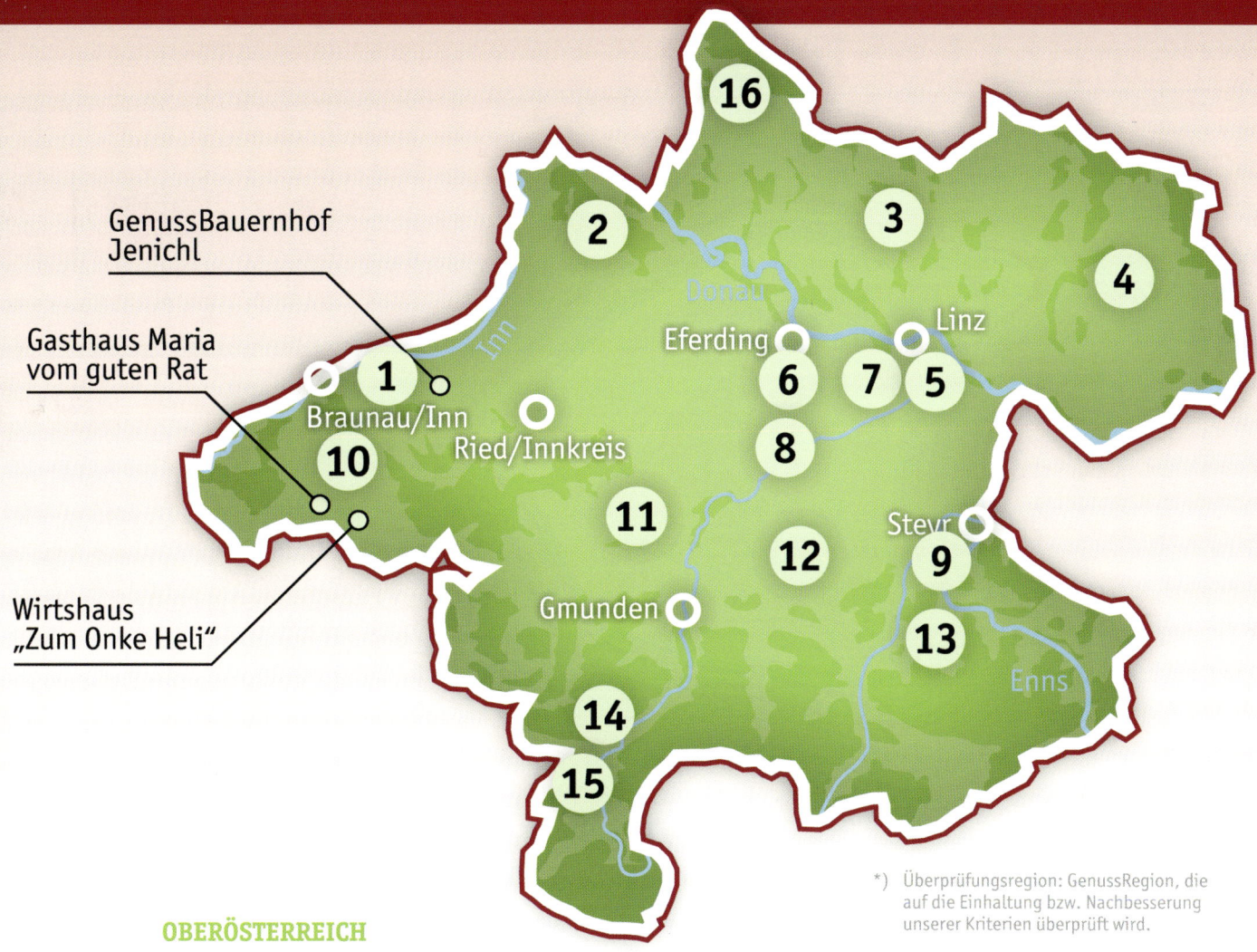

GenussBauernhof
Jenichl

Gasthaus Maria
vom guten Rat

Wirtshaus
„Zum Onke Heli"

Braunau/Inn

Ried/Innkreis

Eferding

Linz

Steyr

Gmunden

Inn

Donau

Enns

*) Überprüfungsregion: GenussRegion, die
auf die Einhaltung bzw. Nachbesserung
unserer Kriterien überprüft wird.

OBERÖSTERREICH

1 Innviertler Surspeck	**9** Nationalpark Kalkalpen Obstsäfte*
2 Sauwald Erdäpfel	**10** Mattigtal Forelle*
3 Mühlviertler Bergkräuter	**11** Hausruck Birn-Apfel-Most*
4 Mühlviertler Alm Weidegans	**12** Schlierbacher Käse*
5 Leondinger Grünspargel	**13** Nationalpark Kalkalpen Bio-Rind*
6 Eferdinger Landl Gemüse	**14** Salzkammergut Käse*
7 Linz Land Apfel-, Birnensaft	**15** Salzkammergut Wildfangfisch
8 Buchkirchner-Schartner Edelobst	**16** Schlägler Bioroggen

Forellenröllchen mit zweierlei Kohlrabi

Gasthaus Maria vom guten Rat

Zutaten

4 Stk.	Forellenfilets, ca. 100 g ohne Haut und Gräten
je 50 g	Karotten, gelbe Rüben, Sellerie, Lauch
	Salz, frisch gemahlener Pfeffer
	Zitronensaft
1 El	Olivenöl,
1 El	weißer Balsamessig
	Asia-Sauce
1 El	Nuss- oder Sesamöl
1 El	Apfelessig
300 g	Kohlrabi
1/2	Briefchen Safran
40 ml	Weißwein
	frische Kräuter (Dill, Kerbel, Estragon, Petersilie), gehackt
	Kresse

Zubereitung

Das Gemüse in feine Streifen schneiden, zusammenmischen und je nach Geschmack mit Asia-Sauce marinieren.

Die Kohlrabi schälen und in feine Streifen schneiden. In einem Topf Safran mit Weißwein aufkochen und reduzieren lassen. Eine Hälfte der Kohlrabi mit Salz, Pfeffer, dem Nuss- oder Sesamöl und dem Apfelessig marinieren. Die andere Hälfte mit Safranreduktion, Salz, Pfeffer, weißem Balsamessig und dem Olivenöl marinieren.

Forellenfilets zwischen zwei Klarsichtfolien behutsam klopfen, mit Salz, Pfeffer und Zitronensaft würzen. Die Gemüsestreifen je auf das untere Drittel der Forellenfilets legen und eng einrollen. Die vier Rollen einzeln auf Klarsichtfolie setzen zu einer kompakten Rolle drehen und die Enden verschließen. Im vorgeheizten Backrohr oder im Dampfgarer bei 65 °C garen, bis die Röllchen eine Kerntemperatur von etwa 42 °C haben. Die Röllchen aus dem Rohr nehmen und lauwarm in gehackten Kräutern wälzen, portionieren und mit zweierlei Kohlrabi und Kresse anrichten.

Tipp

Erdäpfel sind eine tolle Begleitung zu Fisch, ob als Erdäpfelsalat, Petersilerdäpfel oder aus dem Ofen.

Gasthaus Maria vom guten Rat

Guter Rat muss nicht teuer sein, zumindest wenn man in diesem vorbildlich renovierten Traditionsgasthaus im Innviertel einkehrt. Am besten man bestellt das Gstaiger Menü in drei oder vier Gängen und startet einen köstlichen Streifzug durch das vielseitige kulinarische Angebot von Küchenchef Jürgen Hamedinger.

Fast immer dabei ist der Innviertler Saibling. Egal ob zart geräuchert oder knusprig gebraten, diese regionale Spezialität überzeugt in jeder Zubereitungsart. Der vielseitige Küchenchef hat aber auch für Fleisch- und Wildgerichte ein gutes Händchen. Als Alternative zum großen Menü empfiehlt sich Tafelspitz und Schulterscherzl mit Wirsing, gerösteten Erdäpfeln aus dem Sauwald, Schnittlauchsauce und Apfelkren. Die kräftige Rindsuppe wird vorab mit Frittaten und viel Schnittlauch serviert. Bei der Dessertwahl hat man dann freie Hand, wobei die Nachspeisen mit Waldviertler Graumohn immer besonders verführerisch sind. Auch die Torten und Strudel des Hauses sind legendär. Vor ein paar Jahren hat man sich dazu entschieden, sie auch zur Mitnahme nach Hause anzubieten. Regionale und saisonale Zutaten spielen in Hamedingers Küche die Hauptrolle. Doch weil diese bekanntlich nicht das ganze Jahr über Saison haben, wird hier eifrig eingekocht und eingelegt, wovon man sich in einem kleinen Schauraum persönlich überzeugen kann. Vom Hollerblütensirup über Marillenmarmelade, kalt gerührte Preiselbeeren, Paradeiser-Chutneys bis zu süß-sauren Quitten – hier wird alles selbst gemacht.

Sauwald Erdäpfel

Die Erdäpfel aus dem Sauwald, zwischen Passau und der Donauschlinge, sind etwas ganz Besonderes. Was die Inkas schon 8000 v. Chr. an der wohlschmeckenden Knolle geschätzt haben, brauchte zwar viele Jahre, um nach Europa zu kommen und auch bei uns Fuß zu fassen, 1789 aber wurde die neue Nutzpflanze auch im Sauwald im Zehentregister erstmals erwähnt und hat seitdem einen ganz besonderen Platz in den Herzen der Menschen und natürlich am Teller.

Ob Evita, Colette oder Freya – Diven sind die Erdäpfel aber keine. Sie halten dem rauen Klima der Region gut stand, viel mehr noch: Sie brauchen es sogar, um den einzigartigen Geschmack zu entwickeln.

„Die bessern Erdäpfel wachsen hint' im Wald", heißt es rund um den Sauwald. Und weil das auch die Bauern wissen, achten sie darauf, was ihnen die Natur vorgibt. Mit Bedacht bearbeiten sie den Boden, so wie er es braucht, und wählen für jeden Hotter die richtige Sorte. Halbe Sachen gibt es nicht, denn echte „Wallner" gehen gründlich vor. Das umfasst die Einhaltung der Fruchtfolge, den Einsatz von Wirtschaftsdünger aus dem eigenen Hof und die rein mechanische Unkrautjätung – ohne Chemie, nur durch Hacken des Bodens.

So bekommen auch Colette und ihre Schwestern genau das, was sie brauchen.

Wenn sie schließlich reif und groß genug sind, müssen die Erdäpfel ihr gemütliches Bett unter der Erde verlassen und sich auf den Weg zu den Märkten, in die Geschäfte der Region und die Küchen der Gastronomie machen.

Gebratene Forelle mit Erdäpfeln

Zutaten

4 Stk.	ausgenommene Mattigtal Forellen
1/2 kg	Beilagenerdäpfel, festkochend
	Salz, Pfeffer
	Petersilie
4	Zitronenscheiben (unbehandelt)
	etwas Butter
1	Knoblauchzehe, gehackt
4 El	Mehl
	Pflanzenöl
	evtl. Coctailtomaten

Zubereitung

Die frischen Forellen unter fließendem Wasser mit dem Messerrücken entschuppen. Das Innere gründlich ausspülen und die Forellen säubern.

Innen und außen den Fisch mit Salz und Pfeffer würzen. Je Fisch eine Zitronenscheibe und ein wenig Petersilie in den Bauch der Forelle legen. Den Fisch außen in Mehl wälzen. In einer Pfanne Öl erhitzen und die Forellen darin langsam bei mittlerer Hitze an beiden Seiten je etwa 8 Minuten knusprig braten. Das Fleisch sollte nicht mehr glasig sein.

Beilage:
In einem Topf gesalzenes Wasser zum Kochen bringen und die Erdäpfel darin gar kochen.

Danach schälen und halbieren. In einer Pfanne Butter schmelzen, den fein gehackten Knoblauch und etwas Salz dazugeben und kurz anrösten. Je nach Wunsch kann man auch noch geviertelte Cocktailtomaten dazu geben. Dann die Erdäpfel dazugeben und darin ein wenig leicht anbraten.

Achtung: Nicht zu heiß werden lassen, da sonst die Butter und der Knoblauch verbrennen.

Tipp

Wie man erkennt, dass der Fisch – in diesem Fall die Forelle – frisch ist:

- leuchtend rotes Fleisch hinter den Kiemen
- klare, pralle Augen
- klare, durchsichtige Schleimschicht auf der Haut
- keinen ausgeprägten Geruch

„Zum Onke Heli"

Die Kunstfigur Onke Heli stellt einen spleenigen Briten mit Frack und Fliege sowie einem roten Schnauzbart dar. Seine implizite Botschaft: Man soll nicht alles so ernst nehmen. Das Gleiche gilt für das von Sabine Drack geführte Wirtshaus, das in einem ehemaligen Bauernhof untergebracht ist. Unkompliziertes Beisammensein, Karten- oder Dart-Spielen, dazu eine Pizza aus dem Holzofen (die es auch zum Mitnehmen gibt) und eine gepflegte Halbe Bier.

Wirtshaus „Zum Onke Heli"

Kirchberg b. M. 3 | 5232 Kirchberg
bei Mattighofen
Tel.: + 43 (0) 77 47/52 71
info@onkeheli.at
www.onkeheli.at

Das ist die eine Seite des „Onke Heli". Auf der anderen Seite nimmt der Juniorchef Christian, der seit zwei Jahren selbst für die Gäste kocht, die Herkunft der Produkte, mit denen er kocht, durchaus ernst. Schließlich hat er Freude daran, wenn Gäste kommen, die Zeit und Lust mitbringen, um sich an Gerichten wie Wildkraftsuppe mit Steinpilznockerl, Fasanbrüstl in Speckmantel oder einer im Ganzen gebratenen Mattigtal Forelle zu erfreuen. Der Juniorchef legt großen Wert darauf, ein breites Angebot an gesunden Speisen zu bieten. Dazu gehören nicht nur vegetarische Gerichte, sondern auch Speisen mit Straußenfleisch, das im „Onke Heli" von einem befreundeten Züchter bezogen wird. Mit den zahlreichen Räumlichkeiten – vom „Dorfplatz" bis zum „Tanzboden" und zwei geräumigen Extra-Zimmern – bietet sich das „Onke Heli" auch für geschlossene Veranstaltungen an, von Firmenfeiern über Geburtstage bis hin zu Hochzeiten. Bei rechtzeitiger Voranmeldung wirft man hier auch perfekt gereifte Steaks auf den Grill oder schiebt ein „Bratl in der Rein" ins Rohr.

GENUSSREGION
Mattigtal Forelle

In einem Bächlein helle leben die Forellen in dieser Region schon seit langer Zeit. Bereits in der jüngeren Steinzeit – vor etwa 7.000 Jahren – haben die Menschen den Reichtum an Fischen und Wild im Mattigtal geschätzt und sich hier angesiedelt. Hunderte kleine Quellen und Quellbäche, die das ganze Jahr über von Schmutz und Wassertrübung verschont werden, bieten den Forellen den Lebensraum, den sie brauchen.

Zur Mattigtal Forelle zählen sowohl die Bachforelle als auch die Regenbogenforelle. Mit ihrem festen, aber feinen Fleisch eignet sich die Mattigtal Forelle für eine Vielzahl an Gerichten, die sowohl der heimischen Kulinarik als auch der gehobenen Küche gerecht werden.

Das Mattigtal liegt im oberösterreichischen Bezirk Braunau am Inn. Auf einer Seehöhe zwischen 430 und 460 Metern ist es einst durch den Salzbach Voralpengletscher entstanden.

Auf die Fischzucht kam man in dieser Region schon lange zurückblicken: Schon im Jahr 1829 wurde der erste Fischereibetrieb urkundlich erwähnt. Vielleicht ist es auch die lange Erfahrung der Menschen hier, die eine naturnahe und trotzdem zeitgemäße Fischzucht ermöglicht, denn in der GenussRegion Mattigtal Forelle sorgen die Menschen mit der richtigen Kombination aus althergebrachtem Wissen und Tradition sowie moderner Qualitätssicherung für die Weiterentwicklung ihres Leitprodukts.

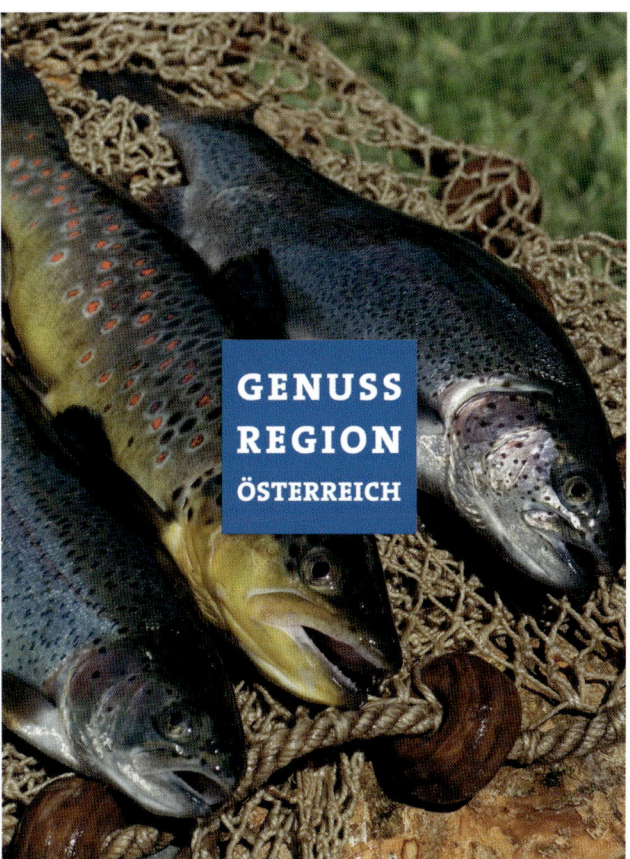

GenussBauernhof Jenichl

Als Franz Jenichl 1994 den elterlichen Hof übernahm, waren die Aussichten für eine erfolgreiche Fortführung des Betriebes eher trüb. Die zehn Milchkühe im Stall waren zu wenig zum Leben und zu viel fürs Sterben. Also verabschiedeten sich Franz und Brigitte Jenichl von der Milchwirtschaft und begannen im Nebenerwerb mit der Schweinezucht.

Aus den anfänglich zwei Schweinen sind heute über 70 Tiere geworden. An der liebevollen Aufzucht – mit Fütterung durch ausschließlich eigenes Getreide und einer artgerechten Haltung auf Stroh – hat sich jedoch nichts geändert. Geschlachtet wird im eigenem Schlachtraum ohne Stress und ohne Transport. Dank der Spezialisierung auf hochwertiges Schweinefleisch können die Jenichls den Betrieb seit 2010 im Vollerwerb führen. Vor Ort kann man die Herstellung von perfekten Innviertler Knödeln erlernen und sich selbst ein unverfälschtes Bild machen, wie glückliche Schweine heranwachsen. Im Hofladen gibt es hausgemachte Köstlichkeiten von den eigenen Schweinen wie Geselchtes, Würste, Verhackerts, Lerberkäs, Sulz etc. genauso zu kaufen wie den legendären schneeweißen Innviertler Surspeck, der jeden Vergleich mit den besten italienischen Lardos spielend besteht. Außerdem gibt es noch selbst gebackenes Brot, hausgemachte Marmeladen, Honig, eingelegtes Gemüse sowie Most und Schnaps.

GenussBauernhof, Hofladen & Knödelküche Jenichl

Wagham 1 | 4950 Altheim
Tel.: + 43 (0) 676/905 60 80
hofladen.jenichl@gmx.at
www.genussbauernhof-jenichl.at

Salzburg

Gasthof Abfalter

Gasthof Bürglhöh

Wirtsthaus "Zum Kaswurm"

Bürglalm

Salzburg

St. Johann/Pongau

Zeel/See

Salzach

Tamsweg

Mur

Verwöhnhotel Sonnhof

SALZBURG

1	Walser Gemüse
2	Tennengauer Almkäse
3	Flachgauer Heumilchkäse*
4	Tennengauer Berglamm
5	Bramberger Obstsaft

6	Pinzgauer Kitz*
7	Pinzgauer Rind
8	Lungauer Eachtling
9	Pongauer Wild
10	Großarltaler Bergbauernkase

*) Überprüfungsregion: GenussRegion, die
auf die Einhaltung bzw. Nachbesserung
unserer Kriterien überprüft wird.

Geschmorte Milchlammstelze mit Gemüsegröstl

Gasthof Abfalter

Zutaten

Lammstelze

4 Stk.	Lammstelzen
	Pfeffer, Salz
	Olivenöl
	Zwiebel
50 g	Sellerie
50 g	Lauch
2	Knoblauchzehen
1 El	Tomatenmark
	Rosmarin- und Thymianzweigerl
250 ml	Rotwein
	Rindsuppe oder dunkler Kalbsfond zum Aufgießen
	Pflanzenöl

Gemüsegröstl

1	roter Paprika
1	Melanzani
1	Zucchini
1	Fenchel
	Schalotten
	Olivenöl
	Salz, Pfeffer
	Thymian, Rosmarin

Polentaschnitten

250 ml	Gemüsebrühe
100 g	Butter
75 g	Polenta
10 g	Parmesan, gerieben
	Salz
	Butter zum Braten

Zubereitung

Lammstelze

Lammstelzen mit Salz und Pfeffer würzen. In einem feuerfesten Topf Planzenöl erhitzen und darin beidseitig anbraten, aus dem Topf nehmen und zur Seite legen. Nun das würfelig geschnittene Gemüse (Zwiebel, Lauch, Sellerie und Knoblauchzehe) im Bratenrückstand anbraten, bis es etwas Farbe angenommen hat. Tomatenmark beigeben und kurz mitrösten und mit Rotwein ablöschen. Die Stelzen wieder beigeben und den Topf mit Rindsuppe oder Kalbsfond auffüllen, bis der Saft bis zur Hälfte der reicht. Backrohr auf 150 °C vorheizen. Den Topf mit Alufolie bedecken, im Rohr 2 bis 2 1/2 Stunden schmoren lassen. Stelzen aus dem Topf nehmen und die Sauce passieren. Mit Salz und Pfeffer abschmecken. Die Sauce zurück in den Topf geben und etwas einkochen lassen. Stelzen wieder beigeben und nochmals kurz durchschmoren lassen.

Gemüsegröstl

Gemüse in gleich große Würferln schneiden und Schalotten vierteln. Olivenöl in einer Pfanne erhitzen und das Gemüse darin goldbraun braten. Das Gemüse aus der Pfanne nehmen und in einem Sieb abtropfen lassen. Mit Salz, Pfeffer, Knoblauch, Thymian und Rosmarin abschmecken.

Polentaschnitten

Gemüsebrühe, Butter und Salz in einem Topf aufkochen. Die Polenta unter ständigem Rühren beigeben. Geriebenen Parmesan unterheben und in eine Terrinenform füllen. Die Polenta 10 Minuten auskühlen lassen und dann stürzen. In etwa 1 cm dicke Scheiben schneiden.

Die Stelzen auf vorgewärmten Tellern anrichten, mit der Bratensauce angießen und Polentascheiben dazulegen. Das Gemüsegröstl in separaten Schälchen servieren.

Tipp

Die Polentascheiben schmecken besonders gut, wenn man sie nach dem Stürzen noch einmal kurz in Butter anröstet.

Gasthof Abfalter

Das Gasthaus Abfalter in Golling ist ein Familienbetrieb wie aus dem Bilderbuch. Die Gastgeber Manfred und Elisabeth Moser leben Gastfreundschaft in einer Art und Weise, die nicht nur die Gäste begeistert, sondern auch die eigenen Kinder. Der Sohn arbeitet bereits in der Küche mit, die Tochter im Service.

Gasthof Abfalter

Wasserfallstraße 57 | 5440 Golling
Tel.: + 43 (0) 62 44/449 80
gasthof@abfalter.info
www.abfalter.info

Saisonal und regional sind nicht bloß Schlagworte, hier werden sie auch gelebt. Das gilt insbesondere zur Wildzeit im Frühjahr und Herbst. Wer das Glück hat, im Gasthaus Abfalter einmal einen zartrosa gebratenen Gamsrücken zu genießen, wird das nicht so schnell vergessen. Hier bekommt man in der Saison nicht nur Reh und Hirsch, sondern regelmäßig auch seltenere Zeitgenossen aus der freien Wildbahn. Wie etwa ein Rebhuhn, das Manfred Moser zart auf den Punkt brät und als Brüstchen und Haxerl mit Kürbiscreme-Ricotta im Strohmantel und mit Wildkräutern als Vorspeise serviert. Ein Besuch lohnt sich aber auch außerhalb der Wildzeit. Besonders beliebt sind die Bratltage, bei denen verschiedene Braten (Schwein, Lamm) mit geschmorten Beilagen in der Rein serviert werden. Bemerkenswert auch die Weinkarte, die einige Raritäten verbirgt, die man hier nicht unbedingt vermuten würde. Wer sich zu sehr in die Weinkarte vertieft hat, bleibt am besten über Nacht in einem der gemütlichen Gästezimmer. Das Aufwachen in idyllischer Naturlage am Waldesrand ist ein Erlebnis, das nicht nur gestresste Stadtbewohner zu schätzen wissen.

Tennengauer Berglamm

Südlich der Stadt Salzburg, am Fuß der Osterhorngruppe, liegt der Tennengau. Bis auf eine Höhe von 1.700 m erstrecken sich hier die zahlreichen Almweiden, auf denen die Tennengauer Berglämmer schon lange leben. Denn in den bergbäuerlichen Gebieten Salzburgs hat die Schafhaltung seit dem Mittelalter Tradition. Ganz im Sinne einer nachhaltigen Wirtschaftsweise halten die Bauern im Tennengau nur so viele Tiere, wie sie mit ihren Futterflächen auch ernähren können. Diese Form der extensiven Tierhaltung kommt nicht nur den Schafen zugute, auch Natur und Mensch profitieren davon.

Die Lämmer und Mutterschafe leben hier auf den Hängen und Wiesen in einer bunten Pflanzenwelt. Dass hier noch wahre Pflanzenraritäten wie Alpenaster, Alpenleinkraut, Enziangewächse, Schwertlilienarten, Engelwurz und Blutweiderich wachsen, ist den langjährigen Bemühungen und dem Wissen der Bauern aus der Region zu verdanken, die sich seit jeher der Pflege dieser Besonderheiten verschrieben haben.

Ob die Schafe die Pflanzen auch wegen ihrer Farbenpracht schätzen, darüber lässt sich streiten – sie schmecken ihnen aber jedenfalls ganz ausgezeichnet und geben dem Fleisch seinen guten Geschmack.

Bis sie maximal sechs Monate alt sind, leben die Lämmer auf den Weiden oder im eigenen Lämmerschlupf, bevor die Bauern ihre Tiere meist selbst zum Schlachthof bringen, um unnötigen Stress zu vermeiden.

Das zarte Lammfleisch ist vorwiegend in der Region erhältlich. Als besondere Spezialität gilt außerdem auch der regionale Schafkäse und selbst die anfallende Schafwolle wird weiterveredelt.

GENUSS REGION ÖSTERREICH

Gefüllte Teigtascherl, Rehrücken und Selleriepüree

Gasthof BürglHöh

Zutaten

Nudelteig
500 g	Hartweizengrieß oder Weizenmehl
4	österreichische Freilandeier
3	Eidotter

Fülle
200 g	Hirschschulter
1	Karotte
1	gelbe Rübe
1/2	Sellerie
1	Zwiebel
1 Tl	Preiselbeer
	Salz, Pfeffer
3	Lorbeerblätter
	6 Wacholderbeeren
1	Zweig Rosmarin
	Ei zum Bestreichen

Rehrücken
500 g	Rehrücken
	Salz, Pfeffer aus der Mühle
	Pflanzenöl
	Preiselbeer und Rosmarin zum Garnieren

Selleriepüree
500 g	geschälter Sellerie
1/8 l	Schlagobers 36 %
200 g	braune Butter
	Muskatnuss
	Salz, Pfeffer, Zucker

Tipp

Dazu passen perfekt Rotkraut und Preiselbeermarmelade. Wer Farbe auf dem Teller will, kann mit Wirsing oder Salat dekorieren.

Zubereitung

Gemüse unter fließendem Wasser waschen, die Enden abschneiden und schälen.

Für den Nudelteig alle Zutaten zu einem festen Teig verkneten und eine Stunde zugedeckt rasten lassen.

Die ausgelöste Hirschschulter und 2/3 des Gemüses in Würfel schneiden, scharf anbraten. Salz, Lorbeerblätter, Wacholderbeeren und Pfeffer zugeben. Alles in einen Bräter geben und zugedeckt bei 160 °C weich schmoren.

Das restliche Gemüse in kleine Würfel schneiden, weich dünsten danach mit dem Geschmorten aus dem Bräter und 1 Tl Preiselbeeren zu einer homogenen Masse verrühren.

Den Nudelteig ausrollen, Kreise mit 8 cm Durchmesser ausstechen, die Fleisch-Gemüse-Masse mit einem Löffel in die Mitte geben, die Ränder mit Ei bestreichen, zusammenschlagen und mit den Fingern gut zusammendrücken.

Gesalzenes Wasser zum Kochen bringen und die Nudeln 5 Minuten leicht kochen.

Selleriepüree

Sellerie mit Schlagobers weich dünsten, braune Butter beigeben, in der Küchenmaschine oder mit dem Mixstab fein mixen, abschmecken mit Salz, Muskatnuss und Zucker.

Rehrücken

Rehrücken in 4 Teile schneiden, salzen und pfeffern, rundum anbraten. Die Kerntemperatur sollte etwa 50 °C betragen. Im Backrohr bei 100 °C 15 Minuten rasten lassen.

Anrichten: Auf einem vorgewärmten Teller den Rehrücken mit den Teigtascherln und dem Selleriepüree nach Belieben anrichten, mit dem Bratenrückstand etwas übergießen, mit Preiselbeeren und Rosmarin vollenden!

Gasthof BürglHöh

Ganz schön wild geht es auf der Bürglhöh hoch über Bischofshofen zu. Das gilt natürlich insbesondere während der Wildsaison, wenn Patron Siegfried Ratgeb in der Küche seine weithin hoch geschätzten Wildrezepte ausgräbt. Ratgeb ist es auch beim Wild wichtig, nicht nur die Edelteile wie Filet und Rücken zu verwenden, sondern das ganze Tier zu verwerten.

Einen Rehschlögl (mit Selleriepüree und warmen Pflaumen) findet man hier genauso wie eine sämige Wildsuppe mit Wildfleischknöderln. Das Wild beziehen die Ratgebs übrigens aus der GenussRegion Pongauer Wild. Außerhalb der Wildsaison ist Siegfried Ratgeb ganz wild auf Fisch', die aus dem eigenen Fischteich stammen. Neben klassischen Gerichten gibt es auch „exotische" Köstlichkeiten wie Sashimi vom Gebirgssaibling. Egal ob Fisch oder Wild – Erdäpfel gibt es das ganze Jahr über. Ein Highlight der Speisekarte ist das Erdäpfelei mit Salzburger Stör Caviar, bei dem Ratgeb Lungauer Eachtlinge mit Dotter und das Ganze mit Caviar vom Grüll aus Grödig füllt. Köstlicher kann Regionalität nicht schmecken. Ein besonderes Herzensanliegen ist Siegfried Ratgeb die süße Küche. Gerichte wie Hollerkoch oder Pofesen mit Marillenmarmelade und hausgemachtem Birneneis beschließen das Mahl auf verführerische Art und Weise. Dass hier auch die Weinkultur hochgehalten wird, zeigt schon vor dem Betreten des Hauses eine Vitrine neben der Eingangstür. Aber auch Freunde eines gepflegten Biers kommen auf ihre Rechnung. Das Kellerbier aus der nahe gelegenen Spezialitätenbrauerei Kaltenhausen zählt zu den besten Bieren des Landes.

Gasthof BürglHöh

Laideregg 51 | 5500 Bischofshofen
Tel.: + 43 (0) 64 62/27 85
buerglhoeh@aon.at
www.buerglhoeh.at

GENUSSREGION
Pongauer Wild

Mitten in den Alpen, im Süden Salzburgs, liegt der Pongau. Dort, wo die Landschaft von dichten Wäldern und Almen geprägt wird, finden auch Rot-, Reh- und Gamswild den idealen Lebensraum vor.

Während ein männlicher Rothirsch je nach Alter und Jahreszeit ein Gewicht von 100 bis 200 kg erreichen kann, zählt das Gamswild eher zu den Leichtgewichten. Denn ausgewachsen wiegt ein Gamsbock nur 30 bis 40 kg. Das Rehwild ist nicht nur das weitestverbreitete Wild in Österreich, es ist im Vergleich zu den anderen Tieren mit maximal 30 kg auch eher zart und klein.

Die Jagd an sich ist so alt wie die Menschheit und hat auch hier in der GenussRegion Pongauer Wild eine lange Tradition. Seit vielen Generationen sorgen sich die Pongauer gewissenhaft um die Pflege und Hege der Wildtiere in der Region. Dazu zählen neben der Erhaltung der Lebensräume vor allem die verantwortungsvolle Jagd und ein respektvoller Umgang mit dem Wild.

Das Fleisch von wild lebenden Tieren wird als Wildbret bezeichnet und bietet einen ganz besonderen Genuss. Es ist nicht nur leicht verdaulich und weist einen sehr geringen Fettgehalt auf, es enthält auch viele Nähr- und Mineralstoffe wie Eisen, Calcium oder B-Vitamine, die das Wildbret auch besonders gesund machen.

Je nachdem, ob Rot-, Reh- oder Gamswild, unterscheidet sich das Wildbret auch im Geschmack und von jedem Tier gibt es unterschiedliche Gustostückerln, die auf spezielle Art und Weise zubereitet am besten schmecken!

BürglAlm

Die Bürglalm ist eine etwas andere Skihütte. Das zeigt sich schon bei der herzlichen Begrüßung und setzt sich bei einem Blick in die Speisekarte fort. Pommes Frittes & Co haben hier Hausverbot. Dafür wird traditionelle Hausmannskost, die mit regionalen Lebensmitteln zubereitet wird, großgeschrieben. Jeden Tag gibt es ein anderes Tagesgericht, das natürlich genauso frisch gemacht wird wie alle Suppen und Mehlspeisen.

Es ist jedes Mal ein Augenschmaus, wenn in der modernen Schauküche der heiß begehrte Kaiserschmarren gekocht wird. Legendär auch die allseits beliebten Ofenkartoffeln. Außerdem ist die Familie Bürgler sehr kunstsinnig – im Wort wie auch im Ton. So heißt es auf der Website vielversprechend: „Sind unsere Kinder gut drauf – spielen sie für unsere Gäste auf!" Im Gegensatz zu anderen Skihütten hat die Bürglalm auch im Sommer geöffnet, weil die Alm bewirtschaftet wird (sie ist eine der Hochkönig-Kräuteralmen). Vieles wird hier selber gemacht: Käse, Butter, Brot und was die Natur je nach Witterung noch zu bieten hat. Seit letztem Sommer wird auch eine Wild-GenussJause geboten, bei der ausschließlich Fleisch aus der GenussRegion Pongauer Wild aufgetischt wird. Beim jüngst erfolgten Umbau der Hütte wurde ganz bewusst darauf geachtet, Altes und Neues harmonisch zu verbinden.

**BürglAlm
Familie Anton Bürgler**

Sonnberg 21a | 5652 Dienten am Hochkönig
Tel.: + 43 (0) 6461/426 oder 380
info@buerglalm.at
www.buerglalm.at

Wirtshaus „Zum Kaswurm"

Außerhalb von Radstadt befindet sich inmitten sattgrüner Wiesen ein 450 Jahre alter Hof, in dem 2001 der Grundstein für das Wirtshaus „Zum Kaswurm" gelegt wurde. Christine Kaswurm pflegt hier eine regional orientierte Küche und verwöhnt ihre Gäste nach dem Motto „Man nehme das Beste und bereite es auf die einfachste Art zu".

Die frischen Zutaten stammen aus den umliegenden Genuss-Regionen und der hauseigenen Bio-Landwirtschaft, die von Rupert Kaswurm geführt wird. Die GenussRegion Pongauer Wild liegt Christine und Rupert besonders am Herzen, deshalb darf es auf der Speisekarte und im Hofladen in Form von Wildspezialitäten nicht fehlen.

Ganz Wild nach Kürbis! Wer Wild und Kürbissuppe vereinen will, bekommt einen Tipp von Christine Kaswurm:

Gamsbutterschnitzerl

Zwei Semmeln in 1/8 l Milch einweichen und zerkleinern, 250 g faschiertes Gamsfleisch, ein Ei und einen Tl Semmelbrösel dazugeben und vermengen. Mit Salz, Pfeffer und frischen Kräutern abschmecken. Mit nassen Händen kleine, längliche Laibchen formen, diese in Bröseln wälzen und in Butterschmalz goldgelb backen. Im vorgeheizten Backrohr bei 150 °C noch 10 Minuten nachgaren lassen, auf Spieße stecken und über der Kürbissuppe servieren (Kürbissuppenrezept z. B. auf Seite 114).

Wirtshaus „Zum Kaswurm"

Farnwangweg 5 | 5550 Radstadt
Tel.: + 43 (0) 64 52/41 14
info@zum-kaswurm.at
www.zum-kaswurm.at

Rinderfilet mit Walnusskruste

Verwöhnhotel Sonnhof

Zutaten

Rinderfilet

800 g	Rinderfilet
1 El	Tomatenmark
1 El	Staubzucker
65 ml	Rotwein
1/2 l	Rindssuppe
	Thymian, fein gehackt
	Rosmarinzweig
	Salz
	Pfeffer, frisch gemahlen
	Pflanzenöl
100 g	Butter, geschmolzen/gebräunt
	Küchenrolle (Küchenkrepp)
	Alufolie

Walnusskruste

125 g	Butter
	etwas Salz
3 El	Petersilie, fein geschnitten
100 g	Hartkäse, fein gerieben
100 g	schwarze Walnüsse (eingelegt), in kleine Würfel geschnitten
80 g	Semmelbrösel
	Pfeffer, frisch gemahlen
	Muskat, frisch gerieben
1	österreichisches Freilandei
	Frischhaltefolie

Zubereitung

Schwarze Walnusskruste

Handwarme Butter leicht salzen und schaumig schlagen, die restlichen Zutaten zufügen und verkneten. Sobald sich eine Masse gebildet hat, diese mit dem Nudelholz zwischen zwei Klarsichtfolien etwa 0,5 cm dünn ausrollen und im Kühlschrank aushärten lassen.

Rinderfilet

In einer Pfanne Öl erhitzen und das Rinderfilet im Ganzen von allen Seiten etwa 1 Minute scharf anbraten, dann auf ein Stück Alufolie legen, mit zerlassener brauner Butter bepinseln, mit Kräutern, Salz und Pfeffer würzen und Alufolie fest eindrehen. Backrohr (Umluft) auf 75 °C vorheizen und das Filetstück in der Alufolie darin etwa eine Stunde ziehen lassen.

Die Krustenmasse aus dem Kühlschrank nehmen, mit einem Glas oder Messer Scheiben, die etwas größer als der Filetdurchmesser sind, ausstechen bzw. ausschneiden. Eine Pfanne ohne Öl erhitzen und die vier Krustenscheiben darin rösten.

Das Rinderfilet aus dem Rohr nehmen, Alufolie entfernen und mit einem scharfen Messer in vier Stücke zerteilen. Auf die Schnittfläche jedes Filetstücks eine angebratene Walnuss-Krusten-Scheibe legen.

Die belegten Filets mit Beilagen nach Belieben auf vorgewärmten Tellern anrichten.

Tipps

Ein Bratenthermometer verrät, wie gar das Filet ist. Bei 55–58 °C Kerntemperatur wird das Filet medium rare, ist butterzart und rosa.

Tipp für Kruste: Anstelle der schwarzen Walnüsse können auch Kräuter und Pilze auf dem Filet gratiniert werden.

Vitus Winkler ist ein kreativer Koch, der dieses Gericht je nach Jahreszeit mit frischem Gemüse, Pilzen oder Früchten verfeinert.

Verwöhnhotel Sonnhof

Das Talent zum Kochen hat Vitus Winkler von seiner Mutter vererbt bekommen. Sie war eine der ersten Haubenköchinnen des Landes und hat gemeinsam mit ihrem Mann, dem bekannten Skirennläufer Ernst Winkler, den Sonnhof von 1980 an über dreißig Jahre lang liebevoll geführt. Jetzt ist mit Vitus Winkler und seiner Eva-Maria die nächste Generation für die Geschicke des „Verwöhnhotels" verantwortlich.

Verwöhnhotel Sonnhof

Kirchweg 2 | 5621 Sankt Veit im Pongau
Tel.: + 43 (0) 64 15/43 23
sonnhof@verwoehnhotel.at
www.verwoehnhotel.at

Vitus Winkler ist nicht nur ein mehrfach ausgezeichneter Koch (und stolzes Mitglied bei den Jeunes Restaurateurs), sondern auch diplomierter Sommelier. Seine Leidenschaft für den Wein geht so weit, dass er vor der Haustür zwei Dutzend Rebstöcke gepflanzt hat. Für einen eigenen Wein ist das natürlich viel zu wenig, deshalb verarbeitet Vitus Winkler die Trauben nach der Lese zu einer gar köstlichen Traubenmarmelade. Trotz seiner Jugend hat er bereits ein großes Repertoire an eigenen Gerichten entwickelt, die er voriges Jahr in einem eigenen Kochbuch („Der Essenmacher") zusammengefasst hat. Der Titel ist bewusst gewählt. Auch wenn Vitus Winkler seine Gerichte sehr aufwendig präsentiert, geht es ihm immer darum, dem Ausgangsprodukt die höchste Wertschätzung angedeihen zu lassen – er ist „nur" der Essenmacher. Das gilt für scheinbar einfache Dinge wie Brot und Butter genauso wie für seine komplexen Hauptgänge. So bleibt bei einem Gericht wie Rücken und Ossobucco vom Tauernlamm auf Vogelbeerpüree mit eingelegter Marchfelder Artischocke und Lungauer Eachtling der Eigengeschmack jeder Zutat erhalten und doch ergibt das Ganze ein harmonisches Geschmacksbild. Solche durchaus moderne Kreationen genießt man in einem behaglichen Gastraum, der von Vitus' Urgroßmutter 1929 eingerichtet und seither nie renoviert, sondern immer nur liebevoll gepflegt wurde.

Pinzgauer Rind

Kein Wunder, dass sich die Rinder im Pinzgau so wohl fühlen, liegt ein Großteil der GenussRegion doch im „Nationalpark Hohe Tauern". Dort, wo alpine und fruchtbare Landschaft auf imposante Berge trifft, haben es sich die Rinder schon vor langer Zeit bequem gemacht.

Denn bereits um 800 v. Chr. brachten die Kelten Vorfahren der Pinzgauer Rinder in ihr heutiges Stammzuchtgebiet, die Hohen Tauern Salzburgs. Schon damals schätzten die Menschen die Rinder wegen ihrer Milch und ihres Fleisches. Heute werden in insgesamt 16 Ortschaften und Gemeinden, die zur GenussRegion gehören, die kastanienbraunen Tiere gehalten.

An die kühlen Sommer und langen, kalten Winter haben sich die ruhigen Rinder längst gewöhnt. Denn das vorherrschende Klima bringt auch eine einzigartige Bergflora mit sich, die sich die Tiere gerne schmecken lassen.

Und dass sich die Tiere auf ihren Almen und Weiden so richtig wohl fühlen, macht sich auch in der Qualität des Fleisches bemerkbar. Denn die Rinder sind nicht nur wegen ihrer typischen weiß-braunen Zeichnung im Fell bekannt, die ansprechende Fettmarmorierung und die feinen Fasern machen das Fleisch besonders köstlich und sind bekannt bei Genießern.

Erhältlich ist das Fleisch bei den Direktvermarktern der Region, aber auch im Einzelhandel. Am besten schmeckt es aber bei den GenussWirten in der Region.

Gamsgulasch

Steirereck, Pogusch, Heinz Reitbauer

Zutaten für 8 Personen

1,5 kg	Schlägel oder Schulter von der Gams
1 El	Wildgewürz
1,5 kg	Zwiebeln
3	Knoblauchzehen
100 ml	Pflanzenöl
2 El	Paprikapulver
1/16 l	Weißweinessig
1 El	Kümmel, gemahlen
10	Wacholderbeeren
3	Lorbeerblätter
1	Chilischote
je 1 Tl	Majoran und Thymian, getrocknet
2 l	Wasser
	Salz, Pfeffer
	Ingwer, gemahlen
	Mehl

Paprikamark

6	rote Paprika
	Weißwein

Tipp

Gulasch schmeckt am zweiten Tag noch besser, weil alle Gewürze sich entfalten konnten.

Zubereitung

Das Gamsfleisch in ca. 60 g Stücke schneiden und mit dem Wildgewürz einreiben. Zwiebeln und Knoblauch schälen, klein schneiden und in etwas Pflanzenöl langsam goldbraun rösten, Paprikapulver einrühren und auf geringer Hitze kurz rösten, mit Essig ablöschen und mit dem Wasser aufgießen. Restliche Gewürze außer Ingwer und Pfeffer hinzugeben und aufkochen. Fleisch nun hinzufügen und etwa 2 Stunden köcheln.

Paprikamark

Paprika entkernen, in Stücke schneiden, in einen Topf geben und so viel Wein zugießen, dass die Paprika bedeckt sind, weich köcheln und danach mit Stabmixer fein pürieren.

Paprikamark dem Gulasch beifügen und mit Salz, Ingwer und Pfeffer abschmecken.

An der Oberfläche schwimmendes Fett eventuell mit Mehl leicht stauben und so einkochen, dass der Saft eine leichte Bindung erhält, nochmals abschmecken.

Gulasch auf vorgewärmten Tellern anrichten. Als Beilagen eignen sich Serviettenknödel, Lauchrouladen, Pilze der Saison oder frisches Weißbrot.

Steiermark

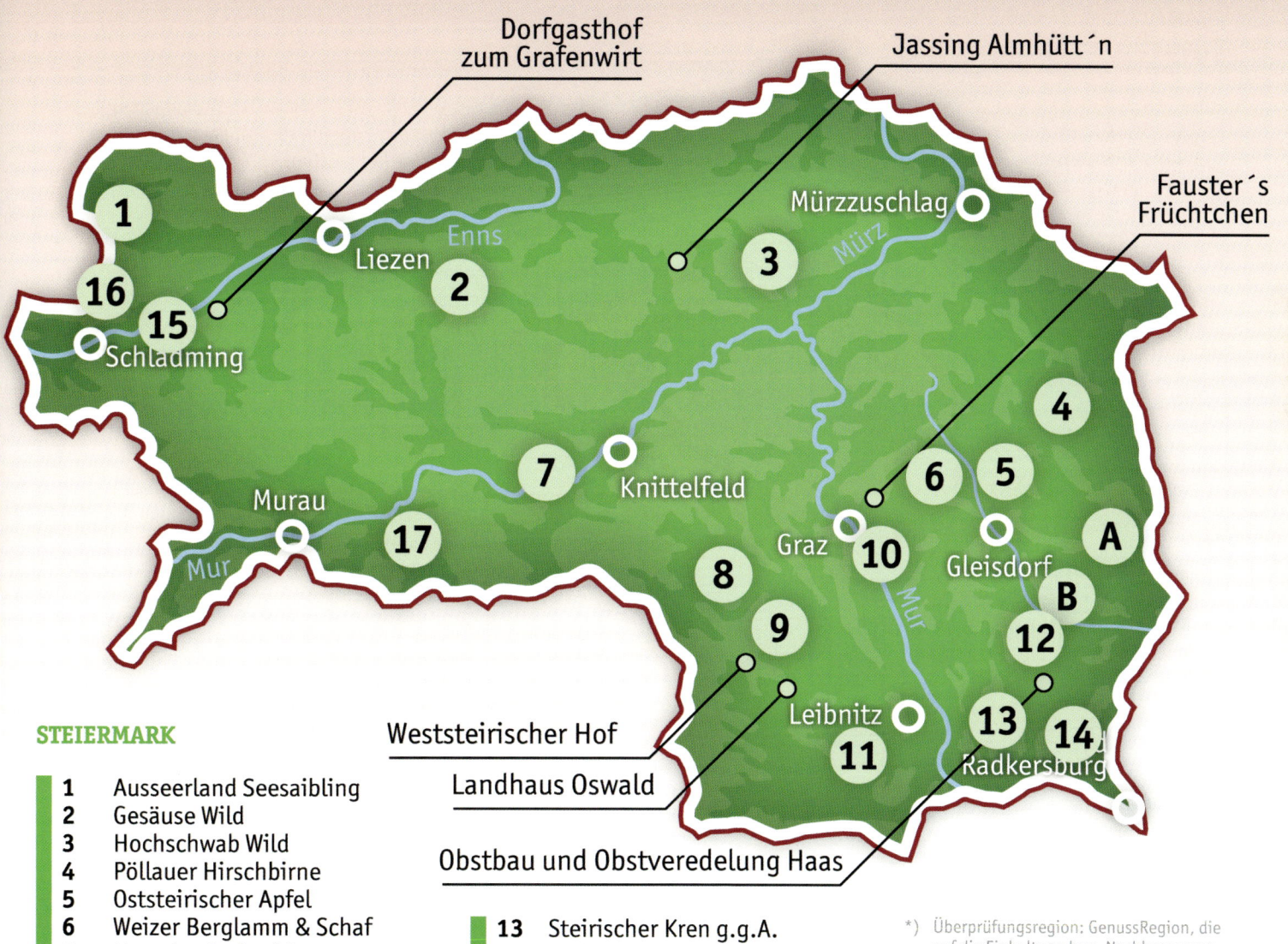

Dorfgasthof
zum Grafenwirt

Jassing Almhütt´n

Fauster´s
Früchtchen

1

16
15
Schladming

Liezen
Enns

2

Murau
Mur

7
17

Knittelfeld

8

9

Graz
10

Leibnitz
11

Mürzzuschlag
3
Mürz

4

6   5

A

B
12

13

14
Radkersburg

Gleisdorf

Weststeirischer Hof

Landhaus Oswald

Obstbau und Obstveredelung Haas

STEIERMARK

1 Ausseerland Seesaibling
2 Gesäuse Wild
3 Hochschwab Wild
4 Pöllauer Hirschbirne
5 Oststeirischer Apfel
6 Weizer Berglamm & Schaf
7 Murtaler Steirerkäs
8 Weststeirisches Turopoljeschwein*
9 Steirisches Kürbiskernöl g.g.A.
10 Grazer Krauthäuptel
11 Steirisches Teichland – Karpfen
12 Steirischer Vulkanland Schinken

13 Steirischer Kren g.g.A.
14 Südoststeirische Käferbohne
15 Ennstaler Steirerkas
16 Ennstal Lamm
17 Murbodner Erdäpfel
A Südoststeirisches Woazschwein**
B Feldbacher Honig**

*) Überprüfungsregion: GenussRegion, die
auf die Einhaltung bzw. Nachbesserung
unserer Kriterien überprüft wird.

**) Kandidat: Region, die sich auf ihre
Mitgliedschaft in der GENUSS REGION
ÖSTERREICH vorbereitet.

Ennstaler Lammlasagne

Dorfgasthof „Zum Grafenwirt"

Zutaten

500 g	Lammfaschiertes
3 Stk.	Zwiebeln, gewürfelt
3–4	Knoblauchzehen, gewürfelt
2	mittlere Karotten, gerieben
1/2	Sellerieknolle, gerieben
1 EL	Tomatenmark, gutes Olivenöl
je 1 Tl	Thymian, Majoran, Rosmarin, getrocknet
ca. 1El	Kristallzucker Salz, frisch gemahlener Pfeffer
2 El	Preiselbeeren
ca. 200 g	Käse, gerieben (Bergkäse) Lasagneblätter
1/2 l	Wasser

Bechamelsauce

ca. 25 g	Butter
ca. 15 g	Weizenmehl
ca. 250 ml	Milch Salz, frisch gemahlener Pfeffer

Zubereitung

In einer Pfanne Olivenöl erhitzen. Die Zwiebel- und Knoblauchwürfel darin anschwitzen und mit Zucker karamellisieren. Geriebene Karotten und Sellerie dazugeben. Lammfaschiertes untermengen und mitrösten. Tomatenmark dazugeben und ebenfalls kurz mitrösten. Alles mit etwas Wasser aufgießen und kurz köcheln lassen. Vom Herd nehmen und alle Gewürze beifügen.

Eine feuerfeste Form mit Olivenöl ausfetten. Erst eine Schicht Lammsugo mit Käse besteut und dann Lasagneblätter darauflegen und zweimal so abwechselnd fortfahren. Als oberste Schicht die Bechamelsauce auf das Sugo streichen und reichlich mit Käse bedecken.

Backrohr auf 170 °C oder Kombidämpfen auf 160 °C vorheizen und Lasagne darin etwa 35–40 Minuten garen.

Bechamelsauce

In einem Topf Butter zergehen lassen und Mehl sorgfältig unterrühren, bis eine glatte, gleichmäßige Masse entsteht. Die Milch langsam beigeben und unter Rühren alles aufkochen lassen. Mit Salz und Pfeffer abschmecken.

Tipp

Dazu passt eine Schwammerlsauce.

Dorfgasthof „Zum Grafenwirt"

Im Dorfgasthof „Zum Grafenwirt" von Helga und Franz Danklmaier spielt das Lamm aus der GenussRegion Ennstal eine prominente Rolle. Besonders geschmackvoll wird das bei der allseits beliebten Trilogie vom Ennstal Lamm unter Beweis gestellt. Als Schnitzel in Kräuterpanier kommt es saftig und würzig auf den Teller – begleitet von einem mit Kernöl marinierten Erdäpfelsalat.

Als rosa gebratener Lammrücken zeigt es sich zart und mürb von seiner eleganten Seite. Und als pikant abgeschmecktes Faschiertes mit Paprika-Polenta versprüht es einen Hauch von orientalischer Exotik. Der Dorfgasthof Grafenwirt ist mit seinen 15 Gästebetten ein beliebtes Urlaubsquartier für Familien, die sich in der Ferienregion Dachstein-Schladming sportlich betätigen wollen. Gleichzeitig ist er auch das soziale Zentrum der kleinen Gemeinde Aich. Das liegt wohl auch daran, dass der Wirt in Personalunion der örtliche Bürgermeister ist. Hier trifft man sich an der Schank auf ein Glas Bier oder Wein und bespricht dringende Anliegen schon einmal außerhalb der offiziellen Amtszeiten. Im Sommer wird gemeinsam im Freien gegrillt, regelmäßig spielt dann auch die Kapelle Aich-Assach auf. Zu Mittag gibt es ein kostengünstiges Menü mit sogenannten „Mittags-Hits" wie etwa Blutwurst-Lasagne mit Krensauce oder Krautfleckerln. Groß aufgekocht wird am Sonntag und an Feiertagen, wenn die Danklmaiers ihre Gäste mit einem Spezialmenü verwöhnen, das immer das eine oder andere Lammgericht beinhaltet. Am Samstag wird traditionell ein Schweinsbraten ins Rohr geschoben.

Dorfgasthof „Zum Grafenwirt"

8966 Aich 1
Tel.: + 43 (0) 36 86/430 70
info@grafenwirt.at
www.grafenwirt.at

Ennstal Lamm

Als besonderes Naturjuwel der Steiermark liegt die GenussRegion Ennstal Lamm eingebettet zwischen dem Toten Gebirge, dem Hochschwab-Massiv und dem Schoberpass.

Natürliche Bergwiesen, Almen und Weiden prägen das Landschaftsbild der GenussRegion und sind Lebensraum für das Ennstal Lamm. Das kann in dieser Gegend bereits auf eine besonders lange Geschichte zurückschauen: denn in der Region des Enns- und Paltentales wurden in der Nähe von bronzezeitlichen Schmelzstätten auch Knochen von Schafen gefunden.

Doch während das Lammfleisch heute als eine der gesündesten und geschmackvollsten Fleischsorten gilt, war im 17. Jahrhundert das wertvolle Weideland in der Nähe der Almhütten den Rindern vorbehalten. Die Schafe grasten auf sehr steilen Berghängen oberhalb der letzten Hochalmen und mussten sich an die Gegebenheiten ihres Lebensraumes anpassen. Noch heute sind in der Region vor allem Schafrassen zu Hause, die sich auf den steilen Hängen besser zurechtfinden. Dort bevölkern sie die Almweiden und lassen sich die frischen Gräser und Wildkräuter so richtig schmecken.

Die Lämmer werden bereits vor ihrer Geschlechtsreife, durchschnittlich im Alter von vier bis sechs Monaten, geschlachtet. Der kurze Transportweg zum Schlachthof und die fachgerechte Schlachtung in stressfreier Umgebung wirken sich positiv auf die Fleischqualität aus und tragen zum köstlichen Geschmack bei.

Fish & Chips mit fruchtiger Kren-Mayonnaise

Landhaus Oswald

Zutaten

Fisch

600 g Karpfenfilet, geschröpft,
Zitronensaft, frisch gepresst,
zum Marinieren
Salz

Backteig

200 g glattes Mehl
50 g Maisstärke (z. B. Maizena)
1/4 l Bier
Pflanzenöl nach Bedarf
2 österreichische Freilandeier
etwas Salz

Chips

200 g speckige Erdäpfel

Fruchtige Kren-Mayonnaise

2 Dotter
etwas Salz
20 g Senf, scharf
1 El Kren, frisch gerieben
4 cl Obstessig, fruchtig
2 cl Saft einer Limette
1 El Marillenmarmelade, passiert
2 dl Sonnenblumenöl
2 dl Olivenöl
Salz

Zubereitung

Fisch und Backteig

Eier trennen und Dotter für Sauce beiseite stellen. Mehl, Maisstärke, Bier und Öl zu einem glatten Bierteig verrühren.
Eiweiß mit Salz steif schlagen und unterheben. Fische mit einem scharfen Messer in Streifen schneiden, mit Salz und Zitronensaft marinieren und durch den Bierteig ziehen. Reichlich Pflanzenöl in einer hohen Pfanne erhitzen und die Backfische darin goldgelb ausbacken.

Chips

Die rohen Erdäpfel schälen und in hauchdünne Blätter hobeln. Die Erdäpfelscheiben für etwa 10 Minuten in eine Schale mit kaltem Wasser legen (auswassern) und anschließend auf einem Küchenkrepp abtropfen lassen. In einer Pfanne Pflanzenöl erhitzen und die Chips darin knusprig ausbacken. Herausnehmen, auf einem Küchenkrepp abtropfen lassen, und salzen solange sie noch heiß sind.

Fruchtige Kren-Mayonnaise

Alle Zutaten bei Zimmertemperatur verarbeiten, rechtzeitig aus dem Kühlschrank nehmen. Eigelb, Senf, Essig, Limettensaft, Marmelade und geriebenen Kren mit Schneebesen verrühren und das Öl langsam einschlagen.

Anrichten: Auf einer Platte die fruchtige Kren-Mayonnaise aufstreichen, die Chip dazugeben und den knusprigen Fisch in Szene setzen.

Tipp

Die Kren-Mayonnaise kann auch mit Sauerrahm verfeinert werden. Glaciertes Gemüse der Saison bringt Farbe auf den Teller.

Landhaus Oswald

„Genuss by Edler's" ist in der ganzen Steiermark zu einer bekannten Marke geworden, obwohl das Stammhaus in Groß St. Florian doch etwas abgelegen liegt. Der umtriebige Küchenmeister Wolfgang Edler bespielt mit seinem Catering-Unternehmen neben den eleganten Räumlichkeiten der alten Universität in Graz große Events im ganzen Land.

Landhaus Oswald

Unterbergla 15 | 8522 Groß St. Florian
Tel.: + 43 (0) 3464/2270
office@landhaus-oswald.at
www.landhaus-oswald.at

Im Catering-Geschäft ist es besonders wichtig, dass die gereichten Speisen nicht nur gut schmecken, sondern auch appetitlich aussehen. Diese Philosophie wird natürlich auch im Stammhaus in Groß St. Florian hochgehalten. Edlers Kreationen sind immer auch ein Augenschmaus mit perfekt arrangierten Überraschungsmomenten. Das gilt auch für die geschmackliche Komposition seiner Gerichte, bei denen beste heimische Produkte in überraschender Form auf den Teller gebracht werden. So kommt das GenussRegions-Produkt Steirisches Teichland – Karpfen schon einmal gebacken als Fish & Chips zu Tisch. Dazu gibt es – richtig gelesen – Ketchup aus der Tube. Dieses wird allerdings genauso hausgemacht wie eine Zitronenmelisse-Limonade mit Ribiselfrucht. Die verführerischen Aromen des als Aperitif gereichten Wermuths stammen aus dem eigenen Kräutergarten, das selbst gemachte Knäckebrot mit Sesam und Mohn ist eine mehr als attraktive Alternative zu langweiligen Grissini. Klassiker der steirischen Wirtshausküche dürfen im Landhaus Oswald natürlich nicht fehlen. Doch gerade hier macht es Sinn, dem kunstsinnigen Koch uneingeschränkt zu vertrauen und ihm bei seinen saisonal wechselnden Jahreszeitenmenüs zu folgen.

Steirisches Teichland – Karpfen

Im Gebiet rund um das Schilcherland und die Sausaler Weinstraße, das Hügelland der Südoststeiermark – vom Grazer Becken bis nach Radkersburg – und das Gebiet zwischen Pöllautal und Lafnitztal im Bezirk Hartberg erstreckt sich das Steirische Teichland.

Die Karpfenzucht ist aus diesem Gebiet schon lange nicht mehr wegzudenken. Denn bereits im 10. Jahrhundert nahm sich die kirchliche Obrigkeit der Karpfenzucht an – und diese Tradition ist bis heute geblieben. Im Steirischen Teichland werden Spiegelkarpfen, Schuppenkarpfen, Zeilenkarpfen oder Lederkarpfen gezüchtet. Das Markenzeichen der Karpfen ist die goldgelbe Färbung, die sie so prächtig aussehen lässt.

Zuhause sind die Tiere in den lang gestreckten Teichanlagen – auch Weiherketten genannt – der Region. Diese finden sich vor allem in den flachen Talmulden. Meist sind es Himmelteiche, also Niederschlagsgewässer ohne regelmäßigen Wasserzulauf, ab und an auch Quell- und Bachteiche, die von einer eigenen Quelle gespeist werden. Als wahre Naturbiotope bieten sie zusätzlich Lebensraum für viele Wasserpflanzen wie Schilfrohr, Seggen, Wasserknöterich, verschiedene Laichkräuter und Kleinstlebewesen. Die Karpfen haben dort die Möglichkeit, naturnah und zu gesunden Fischen heranzuwachsen.

Zwei Sommer dauert es, bis der Karpfen als grätenfreies Filet auf den Markt kommt. Auf seinem Speiseplan stehen neben Plankton auch Wasserflöhe und andere Kleintiere, aber zusätzlich auch Gerste aus der Region, die dem Fleisch seinen guten Geschmack geben.

Steirische Kürbiscremesuppe
mit Hendl-Kräuterpalatschinken

Zutaten

500 g	Kürbis (Muskatkürbis oder Hokkaido)
100 g	Zwiebeln, fein geschnitten
	Pflanzenöl
1	mittelgroßer, säuerlicher Apfel
	z. B. Jonagold oder Topaz
0,5 l	Gemüsefond (ersatzweise heißes Wasser
	und Gemüsebrühewürfel)
0,125 l	Schlagobers
1 Tl	Steirisches Kürbiskernöl g.g.A.
1 Tl	Sauerrahm
	heimische Kürbiskerne
	Salz
	frisch gemahlener Pfeffer
	eine Prise geriebene Muskatnuss
	Ingwerwurzel, geschält und gehackt
1/2	Chilischote, klein gehackt

Hendl-Kräuterpalatschinken

150 g	Hühnerfleisch
2cl	Obers
1	Eiklar
	Salz, frisch gemahlener Pfeffer
	Kräuter (Schnittlauch, Petersilie, Kerbel,
	Majoran, Thymian), klein gehackt
1	kleine Karotte

Palatschinken:

1/8 l	Milch
1/16 l	Obers
1	Freilandei
	Prise Salz
80 g	glattes Mehl
	etwas Butter zum Braten

Zubereitung

Kürbis und Apfel schälen und in Würfel schneiden. In einem Suppentopf Pflanzenöl erwärmen und die fein geschnittenen Zwiebeln mit dem würfelig geschnittenen Kürbis und Apfel rösten. Mit Gemüsefond oder Brühe und Schlagobers aufgießen. Mit Salz, Pfeffer, geriebener Muskatnuss und dem vorbereiteten Ingwer und etwa einer halben Chilischote (Schärfe je nach Geschmack) würzen. Alles gemeinsam weich kochen.

Je kleiner die Kürbiswürfel sind, desto schneller sind sie gar. Mit dem Stabmixer alles im Topf fein pürieren.

Sauerrahm in einer Schüssel glatt rühren.

In einer Pfanne Kürbiskerne ohne Öl kurz anrösten.

Anrichten:

Die Kürbissuppe in vorgewärmte tiefe Suppenteller gießen und mit Kürbiskernöl, Sauerrahm und ein paar gerösteten Kürbiskernen verfeinern.

Hendl-Kräuterpalatschinken

Gut gekühltes, rohes Hühnerfleisch in kleine Stücke schneiden. Mit Obers, Eiklar, etwas Salz und Pfeffer in der Küchenmaschine fein hacken. Karotte feinwürfelig schneiden. In einem Topf Salzwasser erhitzen und Karottenwürfel darin bissfest kochen. Kräuter und Karottenwürfel anschließend unter das Hühnerfleisch mischen.

Die Milch mit dem Mehl glatt rühren, das Ei und eine Prise Salz hinzufügen. Eine flache Pfanne erhitzen und etwas Butter zerlassen. Mit einem Schöpflöffel so viel Teigmasse einfüllen, dass der Boden gerade dünn bedeckt ist. Eine Palatschinke nach der anderen nun auf einer Seite goldbraun werden lassen, dann wenden und die zweite Seite ebenfalls goldbraun werden lassen.

Die Hühner-Gemüse-Masse auf die Palatschinken streichen und in Frischhaltefolie einrollen. In einem Topf Wasser auf etwa 90 °C erhitzen oder einen Dampfgarer verwenden und die Palatschinken-Rollen darin etwa 30 Minuten garen, herausnehmen und in der Mitte quer durchschneiden.

Weststeirischer Hof

Als Gründungsmitglied der steirischen Weingasthöfe schreiben Sonja und Klaus Kalthuber natürlich auch im eigenen Betrieb das Thema Wein ganz groß. In ihrer Vinothek versammeln sich über hundert Etiketten mit Schwerpunkt Weststeiermark. Dass dieses Weinbaugebiet viel mehr zu bieten hat als reschen Schilcher, zeigt sich auch bei den von Sonja Kalthuber zusammengestellten Weinbegleitungen.

Weststeirischer Hof

Müllegg 40 | 8524 Bad Gams
Tel.: + 43 (0) 34 63/21 34
weststeirischerhof@aon.at
www.weststeirischerhof.at

Nicht nur elegante Weißweine gedeihen im Südwesten der Grünen Mark, mittlerweile gibt es sogar durchaus empfehlenswerte Rotweine. Während sich Sonja Kalthuber liebevoll um das Wohlergehen der Gäste im Restaurant „Schlemmerstube" kümmert, steht ihr Mann Klaus in der Küche. Seine ganze Leidenschaft gilt regionalen steirischen Produkten. Das hindert ihn aber nicht daran, über den eigenen Tellerrand zu blicken und sich von anderen Kulturen inspirieren zu lassen. Beispiel gefällig? Kalthubers Steirer-Chili hat längst Kultstatus erlangt und ist eine eigenständige, ur-steirische Interpretation des mexikanischen Chili-con-Carne. „Das „Carne" ist ein saftiges Styria Beef, statt weißer Bohnen verwendet er steirische Käferbohnen. Dann noch Mais, Tomaten und natürlich Chili. Dazu reicht Sonja Kalthuber ausnahmsweise keinen Wein, sondern ein naturtrübes Flamberger Zwicklbier aus dem Sausal. Die Hotelgäste können abends aus drei Viergang-Menüs wählen, den Restaurant-Gästen der „Schlemmerstube" stehen zusätzlich noch À-la-Carte-Gerichte zur Auswahl. Neben Fleisch-, Wurst- und Wildgerichten hat Klaus Kalthuber immer auch zumindest ein Fischgericht auf der Karte. Zumeist kommt dabei ein Bio-Karpfen von der Teichwirtschaft Preding zu seinen Ehren.

Steirisches Kürbiskernöl g.g.A.

Dunkelgrün und samtig umschließt es Salatblätter, verleiht allerlei Gerichten seinen köstlichen Geschmack und verirrt sich manchmal sogar auf die Nachspeisen von besonders Mutigen: Das Steirische Kürbiskernöl g.g.A. ist ein echter Steirer und aus der heimischen Küche eigentlich gar nicht mehr wegzudenken. Kein Wunder, können doch der Kürbisanbau und die Ölproduktion in der Steiermark bereits auf eine lange Tradition zurückblicken. Als erster Nachweis für den Kürbisanbau in der Steiermark gilt ein Gleinstättener Nachlass-Inventar aus dem Jahre 1697. Darin scheinen „sechs Mäßl" Kürbiskern auf. In einem Ettendorfer Hofübergabe-Inventar aus dem Jahr 1735 finden schließlich erstmals „die ausgeschölten Kürbis-Khern" Erwähnung.

Die Basis des dunkelgrünen Kürbiskernöls mit unvergleichlichem Aroma und fein nussigem Geschmack bildet der steirische Ölkürbis, eine ganz besondere Variante des Speisekürbisses. Steirisches Kürbiskernöl erhielt von der Europäischen Union die Auszeichnung als geschützte geografische Angabe (g.g.A.) und unterliegt somit einem Herkunftsschutz.

Bei der Produktion werden die getrockneten Kerne zuerst gemahlen und dann mit Wasser zu einem Brei vermengt, der schließlich geröstet wird, um das besondere Aroma zu erzeugen. Erst dann kann durch die Pressung das feine Öl gewonnen werden.

Dieses wird schließlich in Flaschen abgefüllt und mit einer Banderole mit einer individuellen Kontrollnummer versehen. Die Auszeichnung „Steirisches Kürbiskernöl g.g.A." auf einer Flasche stellt sicher, dass bei der Herstellung die strengen Qualitätskriterien erfüllt worden sind. Denn nur so verleiht es Salaten, Suppen, aber auch Desserts seinen unvergleichlich steirischen Geschmack.

Heimat des Grazer Krauthäuptels

In Graz hat man immer das Gefühl, dem Süden ganz nahe zu sein. Das liegt nicht nur am angenehmen Klima und dem architektonischem Flair, sondern vor allem an der unbeschwingten Lebensart der Grazer.

Genuss wird in Graz ganz groß geschrieben. Das belegt nicht nur die große Anzahl an empfehlenswerten Gasthäusern und Restaurants. Auch in privaten Haushalten wird viel mit frischen, regionalen Produkten gekocht. 33 Markttage an 16 Standorten sind ein Beleg dafür, dass die Grazer die bäuerlichen Produkte aus ihrem Umland lieben. In keiner vergleichbaren Stadt Mitteleuropas gibt es derart viele Markttage. Und im Gegensatz zu anderen Städten verkaufen bei den Grazer Bauernmärkten tatsächlich die Bauern und nicht Zwischenhändler ihre Produkte.

Mit ihrem milden Klima ist die südliche Steiermark eine Gegend, in der Obst, Gemüse und natürlich auch der Wein hervorragend gedeihen. Dieser hat sich in den letzten Jahren weit über Österreich hinaus einen hervorragenden Namen gemacht. Die gestiegene Qualität hat dazu geführt, dass es heute nicht nur in den feinen Restaurants der Stadt Top-Weine glasweise gibt, sondern auch einfache Gaststätten neben steirischem Bier immer öfter auch steirischen Qualitätswein und glasweise Obstmoste anbieten. Steirische GenussRegions-Produkte wie Grazer Krauthäuptel, Steirisches Kürbiskernöl, Vulkanland Schinken, Käferbohnen, Weizer Berglamm, Hochschwab Wild etc. werden in der Gastronomie hoch geschätzt. Auf *www.genusshauptstadt.at* findet man eine Liste von Partnerbetrieben, die mit diesen regionalen Spezialitäten kochen.

Schlemmen und Schlendern in Graz

Zwischen März und Oktober gibt es jeden Samstag den „Kulinarischen Rundgang" mit Schmankerln, Weinproben und lustigen Geschichten und Einkehr bei vier GenussStationen.
www.graztourismus.at

GenussHauptstadt Graz

Jahrhundertealte Genusskultur

Die hohe Wertschätzung der Grazer für sinnliche Genüsse ist keine Erfindung der Gegenwart, sondern hat hier eine jahrhundertealte Tradition. Viele Grazer Straßennamen lesen sich wie ein Auszug aus einer Speisekarte: Fischer-, Kirsch-, Nelken-, Paradeis- oder Obstgasse sowie die Mohnzeile belegen den hohen Stellenwert, den der Genuss in Graz seit jeher einnimmt. Nicht zu vergessen auch der Weinbergweg im Norden von Graz und das Starcke Winzerhaus am Schlossberg, die davon zeugen, dass in Graz einst auch Wein angebaut wurde.

1686 erschien in Graz das erste gedruckte Kochbuch Österreichs. Ein noch heute hoch geschätzter Klassiker unter den Kochbüchern ist die „Süddeutsche Küche" von Johanna Prato, das seit seinem Erscheinen im Jahr 1858 zig Neuauflagen erlebte.

Genussvolles Feiern in edlem Rahmen

Kulinarische Genüsse gehören in Graz zur gelebten Alltagskultur. Doch zwei Mal im Jahr wird der Genuss auch in einem festlichen Rahmen gewürdigt. Beim GenussBall verwandelt sich der Grazer Congress einmal im Jahr zu einer kulinarischen Gala, bei der Köche aus der ganzen Steiermark live traumhafte Gerichte kochen (nächster Termin 15. Juni 2015).

Der Höhepunkt des Grazer GenussHauptstadt-Jahres ist zweifellos die Lange Tafel, bei der 700 Gäste gemeinsam unter freiem Himmel speisen. 27 Küchenchefs und eine Hundertschaft von Service-Mitarbeitern sorgen seit fünf Jahren dafür, dass diese einzigartige Open-Air-Veranstaltung in der Grazer Altstadt jedes Jahr zu einer unvergesslichen GenussNacht wird.

Die nächste Lange Tafel findet am 15. August 2015 statt. Karten und Infos unter: *www.genusshauptstadt.at.*

Fauster's Früchtchen

Ich bin anders – mein Most auch! Nach diesem selbstbewussten Motto erzeugt Manfred Fauster vor den Toren von Graz hochwertige Moste und Säfte in ebensolcher Aufmachung. Erst nachdem Fauster vor sieben Jahren die Ausbildung zum Mostsommelier absolviert hatte, stieg er mit dem Ziel, einzigartige und unverwechselbare Moste zu machen, in die Mostproduktion ein.

Alle Fauster-Moste werden in 0,75 Liter Flaschen gefüllt und erinnern im Erscheinungsbild an edlen Wein. Der „Steirer-Cider" entstand in Zusammenarbeit mit der Gruppe „Steirermost" und ist eine leichte, erfrischende und moderne Form, wenig Alkohol mit viel Geschmack zu genießen. Sein Gefühl für köstliche Geschmackskompositionen stellt Fauster bei seinen beiden *Mustum Frizzante* unter Beweis. Der *Mustum Esprit* ist eine Cuvée aus den Sorten Topaz und Jonagold und ist halbtrocken ausgebaut. Der *Mustum Esprit Rosé* ist trotz seines niedrigen Alkoholgehalts ein richtiger „Ladykiller" und erhält durch die Beifügung von Isabellatrauben seine verführerische Farbe und Aromatik. Besonders stolz ist Manfred Fauster auf seine beiden reinsortigen Apfelmoste Kronprinz Rudolf und Rubinette, die bei fast jeder offiziellen Verkostung als Klassenbeste reüssieren.

Fauster's Früchtchen
Manfred Fauster, Mostsommelier

Föllingerstraße 100 | 8044 Graz-Mariatrost
Tel.: + 43 (0) 664/144 34 01
manfred.fauster@most-sommelier.at
www.most-sommelier.at

Obstbau und Obstveredelung Haas

Die Sortenvielfalt schmecken! Diesem Motto folgend bauen Karl und Roswitha Haas ihre Apfelmoste überwiegend sortenrein aus. Aus Äpfeln lassen sich jedoch nicht nur Most, sondern auch Säfte, Frizzante, Cider und Edelbrände gewinnen.

Obst und Obstveredelung Familie Haas

Poppendorf 56 | 8342 Gnas
Tel.: + 43 (0) 31 51 / 23 64
obstbauhaas@aon.at
www.obstbauhaas.at

Als Karl Haas den Hof 1986 von seinen Eltern übernahm, war die Produktion auf die Belieferung des Großhandels ausgerichtet. Schritt für Schritt haben Karl und Roswitha Haas damit begonnen, ihre kostbaren Äpfel selbst zu verwerten und direkt zu vermarkten. Vor über 20 Jahren war nur den wenigsten Konsumenten bewusst, welch große Sortenvielfalt es bei heimischen Äpfeln eigentlich gibt, weil im Supermarkt zumeist nur zwei, drei gängige Sorten angeboten wurden, die sich durch eine gefällige Optik und eine gute Haltbarkeit auszeichneten. Alte Sorten wie Maschanzker, Kronprinz Rudolf, Ilzer Rosenapfel und andere waren nicht gefragt. In flüssiger Form – als Saft oder Most – kommt es jedoch vor allem auf den Geschmack an und da spielen diese alte Sorten ihre Stärken aus, wie sich bei den Haas-Mosten eindrucksvoll zeigt. Apfelsaft eignet sich jedoch auch hervorragend dazu, ihn mit anderen Früchten wie Holunder, Himbeere oder Johannisbeere zu mischen, die für sich allein genossen, oft zu säurereich (Himbeere, Johannisbeere) bzw. zu intensiv (Holunder) sind. Für die Befruchtung der unzähligen Apfelbäume sind bei der Familie Haas 30 Bienenvölker verantwortlich, die einen ganz hervorragenden Honig liefern, der ebenfalls ab Hof erhältlich ist.

Jassing Almhütt'n

Auf der idyllisch gelegenen Jassing Almhütt'n verwöhnen Heidi und Karl Mussbacher während der warmen Jahreszeit (Mai–Oktober) Gäste mit erstklassigen regionalen Köstlichkeiten. Nicht nur die Lage, auch die Hütte selbst mit ihrer dunklen Holzfassade ist wie aus dem Bilderbuch.

Man kann zwar mit dem eigenen Auto fast bis zu Hütte vorfahren, doch der bevorzugte Weg führt zu Fuß über das Tragösser Naturjuwel Grüner See. Dieser Schmelzwassersee gehört zu den schönsten Seen Österreichs und verfügt über ein glasklares Gebirgswasser, das seinesgleichen sucht. Auf knapp 900 Metern Höhe kann man sich nach einer ausgiebigen Wanderung durch das Hochschwab-Massiv im schönen Sitzgarten bei erfrischenden Getränken und hauseigenen Schmankerln laben. Und ist das Wetter einmal nicht so schön, bietet die feine Stub'n mit 25 Sitzplätzen eine zünftige Alternative. Je enger die Gäste da zusammenrücken, desto besser wird die Stimmung.

Jassing Almhütt'n

Schattenberg 128 | 8612 Tragöß
Tel.: + 43 (0) 3868/200 65
oder + 43 (0) 3868/87 04

Tirol

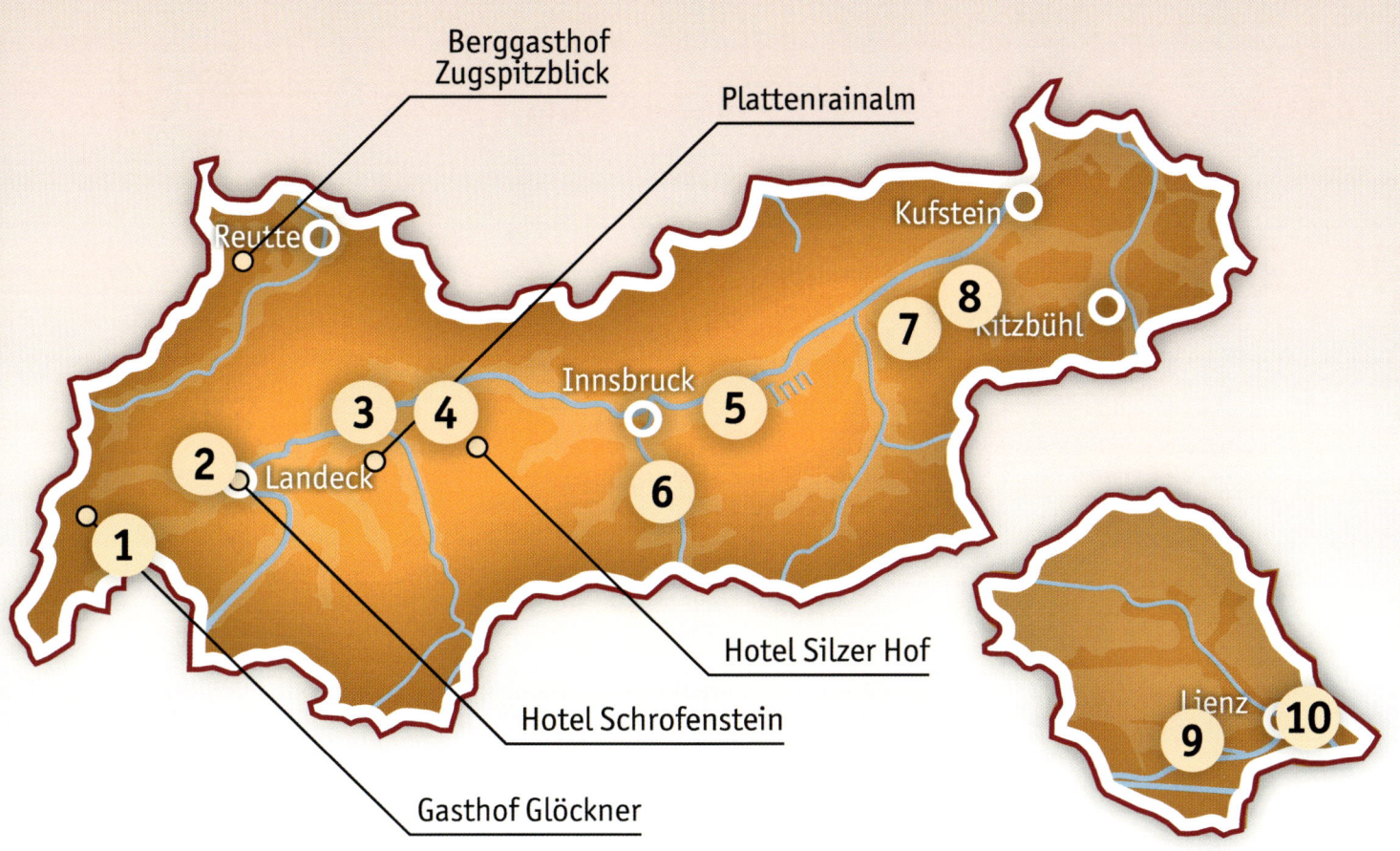

Berggasthof
Zugspitzblick

Plattenrainalm

Reutte

Kufstein

8

7

Kitzbühl

3 4

Innsbruck

5

Inn

Landeck

2

6

1

Hotel Silzer Hof

Lienz

9 10

Hotel Schrofenstein

Gasthof Glöckner

TIROL

1	Paznauner Almkäse		6	Tiroler Grauvieh
2	Stanzer Zwetschke		7	Alpbachtaler Heumilchkäse
3	Oberländer Apfel		8	Wildschönauer Kraulingerrübe
4	Oberinntaler Erdäpfel		9	Osttiroler Berglamm
5	Nordtiroler Gemüse		10	Osttiroler Kartoffel

Paznauner Almkäseknödel mit Wildkräutersalat und Früchte-Chutney

Gasthof Glöckner

Zutaten

Knödel

200 g	Weißbrotwürfel
100 g	Paznauner Almkäse, Hartkäse aus Berg- und Tal-Kuhmilch
50 g	Zwiebeln
1/8 l	lauwarme Milch
3	österreichische Freilandeier, aufgeschlagen
30 g	Butter
	Salz, frisch gemahlener Pfeffer
	Abrieb einer Muskatnuss
1 Bund	Petersilie, gehackt
	wilder oder Garten-Thymian zum Dekorieren
	Planzenöl

Chutney

400 g	Früchte der Saison
1	kleine Zwiebel, feinwürfelig geschnitten
25 g	Zucker
4 El	Rotweinessig
4 El	Rotwein
	Salz, Pfeffer
200 g	bunter Salat

Zubereitung

Knödel

Zwiebeln in feine Würfel schneiden. In einer Pfanne Pflanzenöl erwärmen die Zwiebeln darin goldbraun anschwitzen. Weißbrotwürfel in eine Schüssel geben und die goldbraunen Zwiebeln daruntermischen. Den Käse würfeln und gemeinsam mit der lauwarmen Milch und allen Gewürzen zu den Weißbrotwürfeln geben. Alles locker durchmischen und die aufgeschlagenen Eier unterheben. Die Masse zu Knödeln formen. In einem großen Topf gesalzenes Wasser zum Kochen bringen und die Knödel darin garen. In einer Pfanne Butter braun werden lassen. Auf vorgewärmten Tellern Knödel anrichten und vor dem Servieren mit brauner Butter übergießen und mit wildem oder Garten-Thymian belegen.

Chutney

Früchte waschen und zurechtschneiden. In einem Topf Zucker bei mittlerer Hitze goldbraun karamellisieren. Mit Rotweinessig ablöschen. Die Zwiebelwürfel zugeben und kochen lassen, bis sich das Karamell gelöst hat. Früchte zugeben und 10–15 Minuten kochen lassen. Mit Salz und Pfeffer würzen und abkühlen lassen.

200 g bunten Salat – vorzugsweise aus Wildkräutern der Saison – waschen, gut trocknen und auf den Tellern anrichten. Mit Dressing beträufeln.

Tipp

Für das Chutney können saisonale Früchte verwendet werden, z. B. Brombeeren, Schwarzbeeren, Zwetschken.

Gasthof Glöckner

Wenn es draußen finster wird und auf den tief verschneiten Pisten des Paznaun Ruhe einkehrt, gibt es wohl kaum einen gemütlicheren Ort als die Kachelofenstube im Gasthof Glöckner. Etwas weniger urig, aber immer noch typisch tirolerisch zeigt sich der Gastraum des Restaurants.

Auf halber Strecke zwischen Ischgl und Galtür gelegen, geht es hier am Abend etwas ruhiger, aber dafür vielleicht etwas gemütlicher zu als in der benachbarten Party-Hochburg. Besondere Wertschätzung erfährt hier der Paznauner Almkäse, der von den Gästen gerne in Form eines Fondues genossen wird. Die Schweiz liegt ja – genauso wie Vorarlberg – nur einen Steinwurf entfernt. Es werden zwar einige internationale Gerichte angeboten, der Schwerpunkt liegt jedoch auf typischer Tiroler Kost. Besonders beliebt sind Tiroler Gröstl, Käsespätzle und die legendären Rippchen. Neben Tiroler GenussRegions-Produkten wie Oberinntaler Erdäpfel und Nordtiroler Gemüse sorgt steirisches Kürbiskernöl für jene Extraportion österreichischen Geschmack, der nicht nur bei den internationalen Gästen so beliebt ist.

Gasthof Glöckner

6562 Mathon/Ischgl
Tel.: + 43 (0) 54 44/51 67
gloeckner@huber-hotels.at
www.huber-hotels.at

Paznauner Almkäse

Das landschaftlich hoch gelegene Paznaun ist ein Tal im westlichen Tirol und erstreckt sich entlang der Trisanna. Eingebettet zwischen den Dreitausendern der Samnaun-Gruppe im Süden, der Silvretta im Südwesten und den ebenso hohen Bergen der Verwallgruppe im Norden, grenzt das Tal der Trisanna an die Schweiz und an Vorarlberg.

Hier grasen die Kühe auf den hoch gelegenen Wiesen und Weiden und lassen sich die vielen Almblumen, Kräuter und Gräser so richtig schmecken. Aus ihrer Milch wird schließlich der Paznauner Almkäse hergestellt.

Kein Wunder, dass der Paznauner Almkäse so ein ausgeprägtes Aroma und einen feinen Geschmack hat, haben die Menschen im Paznauntal doch schon jahrhundertelange Übung darin. Denn bereits in hoch- und spätmittelalterlichen Quellen wird der „Almkas", wie er heute umgangssprachlich genannt wird, als *casei alpini* oder *alpchaese* erwähnt. Im Tiroler Landesreim von 1558 wird das Handwerk des Käsemachens im Oberinntal (Pitztal) genannt. Ab etwa der zweiten Hälfte des 19. Jahrhunderts siedelten sich in weiteren alpinen Gegenden Tirols zahlreiche Almsennereien an.

Nach einer Reifezeit von mindestens sechs Wochen hat der Almkäse sein volles Aroma entfaltet. Und mit seinem pikant-würzigen Aroma ist er auch längst kein Geheimtipp mehr.

Als Zutat zu herzhaften Tiroler Spezialitäten, aber auch raffiniert verarbeitet in der gehobenen Küche macht der Paznauner eine gute Figur.

Gekochter Tafelspitz
vom Tiroler Vollmilchkalbl

Hotel Silzer Hof

Zutaten

1	Kalbstafelspitz (ca. 1 kg)
	Kalbs- oder Rindsknochen nach Belieben
1	Bund Suppengemüse, geputzt
1	Zwiebel
2	Lorbeerblätter, einige Pfefferkörner
2	Gewürznelken
	etwas geriebene Muskatnuss
	Salz
3 l	Wasser
je 1	gelbe und rote Karotte
1/2	Stange Lauch, in Streifen geschnitten
1/2	Sellerie
1	große Handvoll Zuckererbsenschoten
2	große Erdäpfel
	Schnittlauch
	geriebener Kren

Zubereitung

Die ungeschälte Zwiebel halbieren und in einer Pfanne ohne Fett die Schnittstellen dunkel anbraten.

3 Liter Wasser in einen großen Topf geben und das geputzte Suppengemüse, die Zwiebelhälften und die Gewürze (außer Salz) zugeben und aufkochen. Das Fleisch und die Knochen waschen und für etwa 1 1/2 bis 2 Stunden in der Suppe leicht wallend kochen. Nach etwa einer Stunde die Suppe kräftig salzen. Zwischendurch immer wieder den weißen Schaum abschöpfen.

Wenn der Tafelspitz saftig und weich ist, aus dem Topf nehmen und mit etwas abgeschöpfter Suppe in einer Schüssel warm stellen. Inzwischen Erdäpfel, Karotten und Sellerie schälen und in mundgerechte Stücke schneiden.

In einen zweiten Topf etwas von der köchelnden Suppe geben und das Gemüse darin garen. Kurz bevor das Gemüse Ihren favorierten Garpunkt erreicht hat, Lauchstreifen und Zuckererbsenschoten hinzufügen und einige Minuten mitkochen.

Die restliche Suppe durch ein Sieb abseihen und bei Bedarf noch einmal abschmecken.

Das Gemüse mit etwas Suppe in einem tiefen, vorgewärmten Teller anrichten. Mit einem scharfen Messer den Tafelspitz quer zur Faserung in Scheiben schneiden und diese auf das Gemüse legen. Mit Schnittlauch und geriebenem Kren garnieren.

Tipp

Die Garzeit ist bei jedem Tafelspitz anders, zwischendurch einfach probieren, ob das Fleisch schon weich ist.

Hotel Silzer Hof

Viel höher kann man in unseren Breiten nicht urlauben. Viel schöner auch nicht. Auf 2.020 Metern Seehöhe führt die Familie Tramberger das Hotel Silzer Hof. Als heimatverbundene Genussmenschen bleiben die Trambergers stets ihren Wurzeln treu. Auch wenn der Sommer hier oben kurz ist, so trägt er doch köstliche Früchte. Stolz sind die Trambergers auf ihren eigenen Obstgarten. Bei der Ernte legen alle drei Generationen gemeinsam Hand an.

Tirolerisch soll es schmecken, deshalb bemüht man sich im Silzer Hof, so viel wie möglich aus der Region zu beziehen – je näher, desto besser. Stolz vermelden die Trambergers, dass ihre Küche keine Geheimnisse hat. Trotzdem kann sie immer wieder überraschen. Vom Frühstück über das mittägliche Skifahrer-Buffet, die nachmittägliche Marend (Jause) bis zum abendlichen Dinner kommen nur beste Grundprodukte zum Einsatz. Besonders beliebt sind urtypische Gerichte wie Tiroler Leber, Sellrainer Kasspatzln, Schlutzkrapfen mit Graukas und Spinatfülle, das Tiroler Gröstl oder die „Ochsenfetzen". Nicht nur wer tagsüber am Berg aktiv war, sollte eine der süßen Verführungen aus der Dessertkarte probieren. Auf dieser wird die Gleichberechtigung übrigens ganz groß geschrieben. Ausdrücklich wendet man sich an Naschkatzen und Naschkater!

Hotel Silzer Hof

Kühtai 41 | 6183 Kühtai
Tel.: + 43 (0) 52 39/52 09
info@silzerhof.com
www.silzerhof.com

Oberinntaler Erdäpfel

Die Erdäpfelstaude ist eine Nutzpflanze aus der Familie der Nachtschattengewächse und wird in Peru seit ungefähr 7.000 Jahren kultiviert. Darüber, wann, wie und durch wen die neue Pflanze schließlich nach Europa kam, kann man sich bis heute streiten. Fest steht aber, dass der Gast aus der Neuen Welt mittlerweile ein echter Oberlandler geworden ist und sich im Oberinntal so richtig wohl fühlt.

Die großen Temperaturunterschiede zwischen Tag und Nacht, die in der GenussRegion Oberinntaler Erdäpfel üblich sind, machen der Knolle nichts aus. Ganz im Gegenteil – durch diese klimatische Besonderheit wachsen die Erdäpfel viel langsamer und das wirkt sich auch auf die Qualität und den besonderen, nussigen Geschmack aus.

Wurden Erdäpfel früher als „Arme Leute"-Essen bezeichnet, feiern sie jetzt ein Comeback in der modernen Küche. Nicht nur wegen der ausgewogenen Nährstoffzusammensetzung und dem geringen Energiegehalt, sondern natürlich auch vor allem wegen des Geschmacks.

In den letzten Jahren spezialisierten sich immer mehr Betriebe auf den Anbau der gesunden Knolle. Rund 1.500 Tonnen Erdäpfel reifen jährlich im Oberinntal heran. Die Bauern der Region halten sich an strenge Umweltauflagen und an einheitliche Produktions- und Qualitätsrichtlinien. Ohne lange Transportwege kommen die Oberinntaler Erdäpfel direkt von den Feldern auf die Märkte und in die Geschäfte der Region, bis sie schließlich am Teller landen.

Gefüllte Spanferkelbrust
mit Brennessel-Schafkäseravioli und Zwetschken-Chutney

Hotel Schrofenstein

Zutaten

Spanferkelbrust

1	Spanferkelbrust
	Salz, Pfeffer, Knoblauch
	Wurzelgemüse, klein geschnitten
1 El	Tomatenmark
	Gemüsebrühe oder -fond, Sesamöl

Füllung:

200 g	Knödelbrot
50 g	Zwiebeln, feinwürfelig, 1 Knoblauchzehe
30 g	Butter
250 g	Steinpilze, geschnitten
2 El	gekochte Petersilie
4	Eier
	Thymian, Salz, Pfeffer

Nudelteig

250 g	Mehl, griffig
1	Ei + 1 Eigelb
1 El	Olivenöl
ca. 50 ml	Wasser, Salz

Füllung:

2 El	Olivenöl
1/2	Zwiebel, 1 Knoblauchzehe, Rosmarin
100 g	Erdäpfel, gekocht und geschält
3 El	blanchierte Brennesselblätter, gehackt
150 g	Schafsfrischkäse
	Salz, Pfeffer, geriebene Muskatnuss
	braune Butter

Zwetschken-Chutney

500 g	Zwetschken
200 g	brauner Zucker
2 El	Sesamöl
1/2	Zimtstange, 2 Sternanis, 30g Ingwer, geschält
3 Stk.	Schalotten
ca. 250 ml	Rotweinessig
2 El	Balsamico Glace, Chili, Salz, Pfeffer

Zubereitung

Zwetschken-Chutney

Zwetschken waschen und vierteln. Gehackte Schalotten und Ingwer in Sesamöl anschwitzen, mit Zucker leicht karamellisieren, mit Rotweinessig, Balsamico Glace, Zwetschken, ein wenig Chili, Salz, Pfeffer, Sternanis und Zimt bis zur gewünschten Konsistenz einkochen. Kochzeit ca. 20 Min.

Spanferkelbrust

Spanferkelbrust untergreifen (eine Tasche schneiden), mit Steinpilz-Knödelmasse füllen, würzen, mit klein geschnittenem Wurzelgemüse anbraten, tomatisieren, mit Gemüsefond aufgießen, schmoren, mehrmals mit eigenem Saft übergießen, bis die Brust gegart und saftig ist.

Brennessel-Schafkäseravioli

Aus Mehl, Ei, Eigelb, Olivenöl, Wasser und Salz einen festen Teig herstellen.

Füllung:

Fein gehackte Zwiebeln und Knoblauch in Olivenöl anschwitzen. Ausgedämpfte Erdäpfel mit Zwiebelmasse, Brennesselblättern, Schafskäse, geriebenem Pfeffer, Salz und Muskat mischen.

Nudelteig dünn ausrollen und für die Ravioliform ausstechen. Den Teigrand mit Ei bestreichen, mit der Brennessel-Schafskäsemasse füllen, zweite Teighälfte darüberklappen und den Rand festdrücken.

In kochendem Salzwasser bissfest kochen, abtropfen und in brauner Butter schwenken.

Hotel Schrofenstein

Das Schrofenstein ist das erste Haus am Platz von Landeck. Das verdankt es nicht nur seiner prominenten Lage, sondern auch seiner Geschichte. Seit über 160 Jahren wird in dem historischen Gebäude Tiroler Gastfreundschaft gelebt.

Hotel Schrofenstein

Malserstraße 31 | 6500 Landeck
Tel.: + 43 (0) 54 42/649 54 55
info@schrofenstein.at
www.schrofenstein.at

Vor zwei Jahren hat die Gastgeberfamilie Völk das Haus großzügig renoviert. Es wurden nicht nur sämtliche Zimmer und Bäder neu gestaltet, auch äußerlich präsentiert sich das Haus jetzt modern, ohne jedoch seine historische Identität zu verleugnen. Schon beim Eingang wird man von einer Steinbock-Skulptur begrüßt. Der Steinbock, der einem auch groß von der Fassade entgegenspringt, war das Wappentier der Schrofensteyns, die das Gasthaus 1848 eröffnet hatten. In der Küche ist Hermann Gapp mit einem engagierten Team am Werk und verwöhnt die Gäste mit dem Besten zweier Welten. Italien ist schließlich nicht fern und lässt im Restaurant des Schrofensteins kulinarisch grüßen. Der Gutteil der Gerichte hat jedoch einen österreichischen Stammbaum, und das gilt nicht nur für die Rezepte, sondern auch für die Herkunft der Produkte. „Gut Speis und Trank sind Wellness für Körper und Geist" ist das Motto der Familie Völkl. An warmen Tagen kann man dies unter schattigen alten Kastanienbäumen genießen, es stehen aber auch mehrere romantische Stuben im Inneren zu Verfügung.

GENUSSREGION

Stanzer Zwetschke

Hoch oben, auf über 1.000 Metern Seehöhe sind sie zu Hause: die Stanzer Zwetschken.

Bläulich-violett leuchten sie in den Orten Grins, Pians und Stanz von den Bäumen und warten nur darauf, von den Bäumen gepflückt zu werden.

Als kleine Überlebenskünstler haben sich die Zwetschken in dieser Region an die steilen Hänge und das trockene alpine Klima angepasst. Viel mehr noch machen die Beschaffenheit der Böden wie auch die großen Temperaturunterschiede zwischen Tag und Nacht den besonderen Geschmack der Früchte aus.

Die Obstproduktion in diesen hoch gelegenen Orten hat eine lange Tradition und sichert seit jeher die nachhaltige Landwirtschaft, während sie den Bäuerinnen und Bauern zusätzliches Einkommen ermöglicht.

Jede Familie hat ihre eigenen Rezepte für den Anbau und die Weiterverarbeitung der Zwetschken, die von Generation zu Generation weitergegeben werden.

Der würzige Geschmack und das unvergleichliche Aroma der Stanzer Zwetschke begeistern beim Genuss der Frischfrucht ebenso wie bei verarbeiteten Produkten. Marmeladen, liebliche Liköre, sortentypische Edelbrände, fruchtige Röster sowie saftige Kuchen wie der Zwetschkenfleck, Strudel und Knödel werden aus der Stanzer Zwetschke hergestellt.

Kein Wunder, dass die saftig-süßen Zwetschken im ganzen Land begehrt sind. Ganz im Rhythmus der Natur hat die Zwetschke im Herbst Saison und vereint die Wärme und die vielen Sonnenstunden des ganzen Sommers in einer kleinen Frucht.

GENUSS REGION ÖSTERREICH

Rüben, Quitte und Buchweizen

Berggasthof Zugspitzblick

Zutaten

Rüben

16 Stk.	kleine, geputzte Rüben, verschiedene Sorten
4	Quitten
1	Vanilleschote
1	Sternanis
2	Gewürznelken
100 g	Butter
80 g	Birnen-Balsamessig
50 g	Waldviertler Graumohnöl
	Waldhonig
	Meersalz

Buchweizencreme

250 ml	Milch
200 g	Buchweizenkekse
	Hälfte der weichen Quitten
80 g	Butter
30 g	Honig

Sauerrahmemulsion

50 g	Sauerrahm
50 g	Crème fraîche
30 g	weißes Mohnöl
100 ml	Quittenfond (Kochwasser der Quitten)
	gemahlener Anis
	gepuffter Buchweizen (gibt's im Bioladen)

Tipps

Je nach Saison können Sie die Quitten auch durch Birnen ersetzen.

Passt auch gut zu Wild, Wildgeflügel oder geschmortem Rindfleisch.

Zubereitung

Rüben

Die ganzen Rüben im Schnellkochtopf nach Sorten getrennt garen. Kleine brauchen 6–7 Minuten, große 10–12. Dadurch lassen sich die Rübenschalen einfach abziehen.

Quitten schälen, Kerngehäuse entfernen und mit den Gewürzen ebenfalls im Schnellkochtopf 8 Minuten weich kochen. Quitten in grobe Stücke schneiden, zu gleichen Teilen in zwei Schüsseln füllen und beiseitestellen. Das Kochwasser der Quitten (Fond) aufheben.

Die Rüben in Stücke schneiden. Den Backofen auf 150 °C vorheizen. Butter in einem Schmortopf (feuerfeste Pfanne) aufschäumen, mit Essig ablöschen, etwas Meersalz und 100 ml Quittenfond dazugeben. Die Rüben und die Hälfte der Quitten dazugeben, mit dem Fond glacieren und zugedeckt im Ofen warm stellen.

Buchweizencreme

Milch, Buchweizenkekse und die zweite Hälfte der gekochten Quitten in einem Topf aufkochen. Mit einem Rührstab zu einer glatten Creme mixen, mit Butter und Honig abschmecken.

Sauerrahmemulsion

Sauerrahm, Crème fraîche, Quittenfond und weißes Mohnöl verrühren, mit Meersalz und einer Prise Anis würzen.

Fertigstellung:

Schmortopf aus dem Rohr nehmen, Rüben und Quitten rausnehmen und beiseitestellen. Den Saft im Topf mit Waldhonig, Meersalz und schwarzem Pfeffer abschmecken. Mit Mohnöl montieren bis eine leichte Bindung entsteht. Rüben und Quitten darin glacieren und auf vorgewärmten Tellern kreativ anrichten, Buchweizencreme dazuklecksen. Teller mit Sauerrahmemulsion und dem Rückstand aus dem Schmortopf beträufeln und mit gepufftem Buchweizen dekorieren.

Berggasthof Zugspitzblick

Höhe macht Appetit! Aber nicht nur deshalb schmeckt es den Gästen im Berggasthof Zugspitzblick auf über 1.000 Metern Seehöhe so gut. Hier kocht der Chef selbst, und zwar mit Leib und Seele. Alexander Burkert hat einen ganz entspannten Bezug zur kulinarischen Tradition seiner Tiroler Heimat, die er ohne Scheuklappen und durchaus modern interpretiert, ohne jedoch deren Identität zu verwässern.

Berggasthof Zugspitzblick

Obere Halde 42a | 6677 Zöblen
Tel.: + 43 (0) 56 75 / 676 90
post@zugspitzblick-tirol.at
www.zugspitzblick-tirol.at

So serviert er beispielsweise die Tannheimer Hirschkalbmedaillons mit Eierschwammerln (Pfifferlinge, da in der Grenzregion) mit hausgemachten Stanzer Zwetschken-Pofesen. Das Nordtiroler Süßkartoffelkiachle mit geschmortem Chicorée bekommt durch Orangenblüten und Granatapfelsaft eine unerwartete exotische Dimension, die perfekt passt. Verführerisch leicht und bezaubernd auch Tiroler Klassiker wie die Graukäsknödel mit geschmortem Spitzkraut und die mit Topfen und Spinat gefüllten Schlutzkrapfen. Auch diejenigen, denen der Sinn nach einem aktiven Tag am Berg nach Fleischigem steht, kommen hier voll auf ihre Kosten. Der knusprige Kruspelbraten vom Schwein mit hausgemachten Eiernudeln und karamellisiertem Apfel-Weißkraut zeigt, wie man ein ursprünglich deftiges Gericht mit eleganter Leichtigkeit interpretieren kann. Für das herzliche Service ist die Frau des Hauses persönlich verantwortlich. Friederike Burkert stammt aus einer Traisentaler Winzerfamilie, was sich wohltuend in der kompetent zusammengestellten Weinkarte zeigt. Auch die Einrichtung des Berggasthofs zeugt vom guten Geschmack der Wirtsleute, denen es hoch über dem Tannheimer Tal gelingt, gemütliche Tiroler Gastlichkeit ganz ohne überladenen Alpenbarock zu vermitteln.

Nordtiroler Gemüse

Wenn auf den Berggipfeln Tirols noch beharrlich der Schnee liegt, beginnen die Nordtiroler Gemüsebauern im Inntal schon eifrig mit den Gemüseanbau. Über viele Jahrhunderte hinweg hat die Landwirtschaft die Tiroler Gesellschaft und ihre Umgebung geprägt. Es ist das Zusammenwirken des günstigen Klimas mit den geologischen Bedingungen, weshalb die Bauern hier bereits im frühen Frühling die Umgebung mit erstem Frischgemüse versorgen können.

Und obwohl oder vielleicht weil es in der Region besonders starke Temperaturunterschiede zwischen Tag und Nacht gibt, gedeiht das Gemüse hier besonders gut und erhält seinen ausgezeichneten Geschmack. Auch die vielen Sonnenstunden und das saubere Bergwasser leisten ihren Beitrag.

Das Gemüseangebot in Nordtirol ist reichhaltig und vielfältig. Über 60 verschiedene Gemüsearten bieten die Nordtiroler Gemüsebauern heute an. Sie reichen von knackigen Salaten, Karotten, Radieschen, schmackhaftem Kohlgemüse über die wärmeliebenden Arten Paprika und Melone bis zu Spezialitäten wie Stangensellerie, Knollenfenchel oder Rucola. Blaue Karotten findet man hier aber ebenso wie grünen Karfiol oder gelbe Zucchini.

Auf einen umweltfreundlichen Ackerbau zu achten, ist für die Bauern der Region bereits seit vielen Generationen eine Selbstverständlichkeit. Auch weite Reisen werden dem Gemüse aus Nordtirol erspart. Verkauft wird das Gemüse der Nordtiroler Gemüsebauern vor allem in der näheren Umgebung. Einige Höfe vermarkten ihr Gemüse direkt ab Hof auf einem der umliegenden Wochenmärkte. Aber auch die lokalen Handelsketten und die Gastronomie schätzen die kurzen Lieferwege ihrer Produkte.

Plattenrainalm

Auf der Plattenrainalm von Renate Wagner und Robert Neuhold geht es immer sehr lustig zu. Mit ungewöhnlichen Aktionen sorgen sie regelmäßig für Aufsehen. Schon Tradition hat das Bierfassl-Werfen, bei dem sich die starken Männer des Pitztals miteinander messen.

Plattenrainalm

Timls 18 | 6471 Arzl im Pitztal
Tel.: + 43 (0) 54 12/631 01
office@plattenrainalm.at
www.plattenrainalm.at

Letzten Sommer lud Robert Neuhold zur Bierkistl-Rallye, bei der Technik und Fingerspitzengefühl gefragt waren. Zuerst mussten sich die Teilnehmer als Hobbybastler beweisen, dann waren sie als Piloten gefordert. Nur beim Essen verstehen die beiden keinen Spaß. Auch wenn es im Gastraum hoch hergeht, wird in der Küche mit fast schon heiligem Ernst gekocht. Die Speisekarte unterscheidet sich auf den ersten Blick zwar kaum von anderen Tiroler Berggasthöfen – Speckbrettl, Wurstsalat, verschiedene Pfandln und Ofenerdäpfel gehören zum Standard-Repertoire –, beim Einkauf überlassen die Gastgeber aber nichts dem Zufall. Um Convenience-Produkte machen sie einen großen Bogen. Schnell, schnell geht gar nicht. „Bei uns wird frisch und ehrlich gekocht. Das dauert mitunter ein paar Minuten länger, dafür schmeckt es besser" – so lautet sinngemäß das einleitende Gedicht in der Speisekarte.

Deftig darf es trotzdem sein. Wer den Tag am Berg verbringt, hat am Abend schließlich Hunger. Besonders beliebt sind die verschiedenen Pfandln und die Ofenerdäpfel, die aus der GenussRegion Oberinntal stammen.

Vorarlberg

Bregenz

Haller's Genuss &
Spa Hotel

Alpahotel Walserstuba

Genussgasthof
Sonnenburg

Hotel Birkenhöhe

Gasthof Schäfle

Bludenz

VORARLBERG

1 Ländle Apfel*
2 Bregenzerwälder Alp-
  und Bergkäse
3 Ländle Kalb*
4 Ländle Alpschwein*
5 Großwalsertaler Bergkäse
6 Jagdberger Heumilchkäse*
7 Montafoner Sura Kees
8 Kleinwalsertaler Wild und Rind

*) Überprüfungsregion: GenussRegion, die
auf die Einhaltung bzw. Nachbesserung
unserer Kriterien überprüft wird.

100 verschiedene Kräuter Bergheusuppe

Hotel Birkenhöhe

Zutaten

150 g	Butter
170 g	Mehl
0,3 l	Obers
3 l	Heufond
0,2 l	Sekt, trocken (Piccolo-Flasche)
0,25 l	Sauerrahm
	frische Wildkräuter (Quendel, Wiesenkerbel, Schnittlauch etc.)
	Meersalz, frisch gemahlener Pfeffer

Heufond

3 l	Wasser
250 g	Suppengrün ohne Sellerie
5	Hände Bergheu oder Heublumen
2	Lorbeerblätter
je 2	Majoran- und Thymianzweige
1	Sternanis
4	Pimentkörner
1	Zimtrinde
	Pfefferkörner, Wacholderbeeren

Tipps

Sie können die Suppe wahlweise mit in Butter gerösteten Schwarzbrotscheiben, Kürbiskernöl oder mit ausgelassenem Schinken verfeinern.

Wo bekommt man Heu?

Berg-, Wiesen-, Bergwiesen-, Alm- oder Almwiesenheu bekommt man naturgemäß auf Bergwiesen. Am einfachsten ist es, einen Ausflug zu machen und Gras, Klee und Kräuter auf einer ungedüngten Wiese zu schneiden und daheim zu trocknen. Am besten frisches, junges Heu vom ersten Schnitt nehmen. Heu ist auch in Apotheken, auf Bauernmärkten und in Zoohandlungen erhältlich.

Zubereitung

Heufond

In einem großen Topf das Wurzelwerk im Wasser aufkochen und 20 Minuten köcheln. 5 Handvoll Heu und/oder Essblumen hinzufügen, Hitze reduzieren und nicht mehr kochend ziehen lassen. Nach fünf Minuten alle Gewürze zufügen und weitere 20 Minuten ziehen lassen. Anschließend zugedeckt erkalten lassen.

Fond durch ein Küchentuch im Sieb abseihen, wenn nötig Vorgang wiederholen.

Heusuppe

In einer Pfanne Butter schmelzen, Mehl hinzufügen und mit Obers und dem Heufond aufgießen. 30 Minuten köcheln lassen und anschließend durch ein Küchentuch passieren. Danach in den Topf zurückgeben und Sekt und Sauerrahm in die passierte Suppe einrühren. Alles ein paar Minuten köcheln lassen, mit Meersalz und frisch gemahlenem weißem Pfeffer würzen. Suppe mit Mixer aufschäumen und mit frisch geschnittenen, klein gehackten bzw. zerzupften Wildkräutern garnieren.

Hotel Birkenhöhe

Genuss in den Bergen bedeutet für Matthias und Bärbel Bantel auch Genuss von den Bergen. Deshalb vertrauen sie, wann immer es geht, auf die Erzeugnisse heimischer Bauern und beziehen ihre Lebensmittel von den „Walser Buura", dem Direktvermarkterverein im Kleinwalsertal.

Hotel Birkenhöhe

Oberseitestraße 34 | 6992 Hirschegg
Tel.: + 43 (0) 55 17/55 87
info@birkenhoehe.com
www.birkenhoehe.com

Matthias Bantel ist im elterlichen Hotel aufgewachsen, bevor er es 1998 gemeinsam mit seiner Frau Bärbel übernommen hat. Er kennt also die meisten Bauern, von denen er heute Fleisch und Wurst, Milch und Käse sowie Obst und Gemüse bezieht, von Kindesbeinen an. Im Sommer würzt Matthias Bantel gerne mit frischen Kräutern, die im eigenen Garten wachsen. Duftende Kräuter findet man auch auf den umliegenden Bergwiesen, die dem Heu ein ausgeprägtes Aroma verleihen. Dieses einzigartige Aroma findet in der Küche von Matthias Bantel im Winter etwa in Form von „Cremiges vom Bergheu mit Trüffelravioli" Eingang. Und auch die Tannenwipfel-Holunder-Variation zum Dessert vermittelt den Gästen am Teller in verführerischer Form, dass sich der Birkenhof mitten in einer atemberaubenden Naturlandschaft befindet. Im Inneren der Birkenhöhe geht es sehr gediegen zu, die Tische sind geschmackvoll gedeckt und ein Blick in die Weinkarte ist ähnlich verführerisch wie jener auf das umliegende Berg-Panorama. Hier liefern sich österreichische und deutsche Winzer ein geschmackvolles Duell auf höchstem Niveau, bei dem es nur einen Sieger geben kann: den Gast, denn dieser hat die Qual der Wahl.

Wandern im Kleinwalsertal

Dort, wo das Wild grenzenlos umherstreift, kann sich der Mensch auch wohl fühlen. Nach dem Motte „In der Ruhe liegt der Weg" bietet das Kleinwalsertal zahlreiche Wanderwege und alpine Abenteuer. Leichte Wanderungen auf der Talebene, Bergtouren, die etwas mehr Kondition erfordern, oder hochalpine Klettersteige – insgesamt 150 km markierte Wanderwege erschließen die Walser Bergwelt in drei Höhenlagen zwischen 1.086 und 2.536 Metern.

Die frische Gebirgsluft macht Hunger auf Regionales, was im Kleinwalsertal ganz groß geschrieben wird. Spezialitäten rund ums Wild und Rind stehen hier bei zahlreichen GenussWirten auf dem Programm und in der Speisekarte. Selbst das Bergheu, das Unkreative den Rindern als Nahrung überlassen würden, findet hier lukullischen Einsatz.

Wem eine Entdeckungsreise der Tier- und Pflanzenwelt beim entspannten Wandern nicht aufregend genug ist, der kann sich den Kick auch auf drei Klettersteigen holen. Allerdings sollte man dafür etwas sportlicher und frei von Höhenangst sein. Profis zeigen, wie man die schroffen Felswände mit der richtigen Kletter- und Sicherungstechnik meistert, führen einen auf Tages- und Mehrtagestouren zu den schönsten Ecken des Tales oder wagen den Sprung ins erfrischende Nass beim Canyoning.

Reh-Hack-Laible

Zutaten

Reh-Hack-Laible
400 g	Reh-Faschiertes
2 Stk.	eingeweichte Semmeln, durchpassiert
	Gewürzmischung für Wild
1 El	frische Preiselbeeren
	Rosmarin, fein gehackt
	Salz
	Butterschmalz

Rotkraut-Salat
200 g	Rotkraut
	etwas Zitronensaft
1/8 l	Rotwein
1	Schuss trockener Portwein
1/8 l	klarer Apfelsaft
	Walnussöl
	Salz, frisch gemahlener Pfeffer
	Preiselbeersirup
	dunkler Balsam-Essig

Gewürzmischung für Wildgerichte
Wacholderbeeren, schwarzer Pfeffer,
Lorbeerblätter, Piment,
Sternanis, Rosmarin,
getrocknete Steinpilze, Ingwer.
Alle Zutaten mischen und zermahlen.

Zubereitung

Reh-Hack-Laible
Reh-Faschiertes mit der Gewürzmischung, dem fein gehackten Rosmarin und den Preiselbeeren vermischen und salzen. Eingeweichte Semmeln einkneten und anschließend mit nassen Händen kleine Bällchen formen, flach drücken und für 1/2 Stunde im Kühlschrank rasten lassen.
In einer Pfanne Butterschmalz erhitzen und die Laibchen darin auf beiden Seiten knusprig braten.
Aus der Pfanne nehmen und mit Küchenkrepp abtupfen.

Rotkraut-Salat
Rotkraut putzen, in feine Streifen schneiden, leicht salzen und mit etwas Zitronensaft beträufeln. Alles gut durchmischen, damit es sich schön rot färbt.
In einem Topf Rotwein, Portwein und Apfelsaft erhitzen und reduzieren lassen. Dadurch wird der Geschmack intensiver. Die Rotkrautstreifen hinzufügen und kurz mitköcheln lassen. Vom Herd nehmen und abkühlen lassen.
Mit Walnussöl, Salz, Pfeffer, Preiselbeersirup und dem dunklen Balsam-Essig verfeinern.

Reh-Hack-Laible auf vorgewärmten Tellern mit Rotkraut-Salat anrichten und servieren.

Omas Tipp
Haben sich Ihre Hände beim Rotkrautschneiden verfärbt? Hände mit etwas Zitrone abreiben und anschließend abspülen.

Haller's Genuss & Spa Hotel

Für Familie Haller ist es oberste Priorität, ihre Gäste aufs Herzlichste mit allerhöchsten Genussfreuden und grenzenlosem Wohlbefinden während der Urlaubszeit zu verwöhnen. Als einheimischen Gastgebern ist es ihnen eine äußerste Freude, auch ein wenig Heimat zu vermitteln. Das Kleinwalsertal mit seinen vielseitigen Möglichkeiten bietet nicht nur eine atemberaubende Urlaubskulisse, sondern ist auch eine Gegend, in der auf traditionelle Art und Weise einzigartige Nahrungsmittel erzeugt werden.

Haller's Genuss & Spa Hotel

Von Klenze Weg 5
6993 Mittelberg im Kleinwalsertal
Tel.: + 43 (0) 55 17/55 51
info@hallers.at
www.hallers.at

Diese kostbaren Produkte werden von Küchenmeister Gerd Hammerer durch interessante Zubereitungsformen und ein wenig Verspieltheit zu neuen Geschmackskompositionen verarbeitet. Als gebürtiger Walser ist es ihm ein persönliches Anliegen, den unverwechselbaren Geschmack seiner Heimat auf den Teller zu bringen. Wer so wie Gerd Hammerer und Hermann Haller die lokalen Produzenten schon von Kindesbeinen an kennt, findet immer die besten lokalen Spezialitäten. Dazu zählen nicht nur die Produkte der GenussRegion „Kleinwalsertaler Wild und Rind", sondern auch die regionalen Käsespezialitäten der Landwirtschaft im Kleinwalsertal. Im Haller's lebt man die Region, sodass die Mitarbeiter – vom Lehrling bis zum langjährigen Stammpersonal – aufgrund regelmäßiger Workshops im Genussbereich – top informiert Rede und Antwort stehen können.

Bei den wöchentlichen „GenussGesprächen" stehen der Patron sowie der Küchenchef persönlich für alle offenen Fragen zur Verfügung. Auch die kulinarischen Traditionen der Walser stehen in diesen Gesprächen im Vordergrund.

Fest steht jedoch, bei den Menüvariationen aus Haller's Genuss-Haubenküche wird zumindest ein Gang mit Wild oder Rindfleisch aus der Kleinwalsertaler GenussRegion kredenzt.

Wintererlebnisse mit und ohne Ski

**Winterwandern, Langlaufen, Ski- und Schneeschuhtouren –
im Kleinwalsertal gibt es noch so viel mehr als Abfahrten**

Durch verschneite Wälder stapfen, vorbei an zugefrorenen Bächen
oder durch die imposante Breitachklamm mit ihren bizarren Eis-
formationen, eine der tiefsten Felsenschluchten Mitteleuropas –
wer im Kleinwalsertal abseits des Skibetriebs auf Entdeckungsreise geht, der taucht in eine faszinierende Winterwelt ein. Durch
die Lage auf einem Hochplateau entfaltet das Kleinwalsertal mit
seinen Seitentälern eine sanfte Weite – ideale Voraussetzungen für
Ski- und Schneeschuhtouren, zum Winterwandern oder Langlaufen. Die Orte liegen schneesicher und über der Nebelgrenze zwischen 1.086 und 1.244 m. Die Gastgeber im Tal bieten Tourenge-
hern das perfekte Basecamp ohne lange Anfahrtswege: Direkt vor
der Haustüre kann man sich die Ski anschnallen und loslaufen.

Wandern in weiß

Wandern kann man im Kleinwalsertal auch im Winter. Im Sommer gehört es ganz eindeutig zu den Klassenbesten, aber auch für
Winterwanderer hält es ein weitläufiges Netz mit über 50 km prä-
parierten Winterwegen bereit. Mit den Bergbahnen und Sessel-
liften sind Gipfel und Wege erreichbar, die das Kleinwalsertal in
sonnigen Höhen und aus einer anderen Perspektive zeigen. Jedes
Mal neu verzaubert der Rundwanderweg über den Gottesacker am
Ifen. Nach der Bergfahrt mit dem Sessellift geht es schnell abseits der Pisten hinein in eine märchenhafte Kulisse mit Schnee-
dünen und einem beeindruckenden Panorama.

Terrine vom Montafoner Sura Kees

Gasthof Schäfle

Zutaten

300 g	Montafoner Sura Kees (Sauerkäse)
150 g	Crème fraîche oder Sauerrahm
	Salz
	frisch gemahlener schwarzer Pfeffer
	Chilipulver
	Abrieb einer 1/2 Zitrone (unbehandelt)
5	Blatt Gelatine
1/4 l	Obers
1	Bund Schnittlauch, fein geschnitten
	schwarze Nüsse zum Dekorieren
250 g	Blattsalat der Saison
1/2 Tl	Biobrühe (Pulver)
	Klarsichtfolie
2 El	Olivenöl
2 El	Balsam-Essig

Zubereitung

Den Sura Kees passieren oder durch eine Kartoffelpresse drücken und mit Crème fraîche glatt rühren. Mit Salz, frisch gemahlenem Pfeffer, einer Prise Chilipulver sowie der abgeriebenen Zitronenschale würzen.

Die Gelatine nach Packungsanweisung in kaltem Wasser einweichen und danach ausdrücken. Eine 1/2 Tasse Wasser erhitzen, die Brühe darin auflösen und die Gelatine darin erwärmen. Die nun erhitzte Gelatine aus der Brühe heben und in Sura-Kees-Crème-fraîche-Masse rühren.

Den Obers steif schlagen und vorsichtig unter die Masse heben und nochmals abschmecken. Eine Terrinenform mit Klarsichtfolie auslegen und mit der Sura-Kees-Masse füllen und mindestens 4 Stunden im Kühlschrank erkalten lassen.

Schwarze Nüsse in dünne Scheiben schneiden. Die Form aus dem Kühlschrank nehmen, die Terrine stürzen, mit dem fein geschnittenen Schnittlauch bestreuen und in Stücke schneiden. Olivenöl, Balsam-Essig und Honig vermengen, mit der Gabel gut „verheiraten" und mit Salz und Pfeffer abschmecken.

Die Terrinen-Stücke auf Tellern anrichten, Blattsalate der Saison dazugeben und mit Honig-Balsam-Sauce beträufeln. Mit den Scheiben der schwarzen Nüsse garnieren.

Tipp
Je länger der Sura Kees gereift ist, desto intensiver das Aroma der Terrine.
Dazu passt ein fruchtig-pikantes Chutney.

Gasthof Schäfle

Dass Günter Hämmerle Koch werden würde, hat er immer schon gewusst. Obwohl sich all seine Schulfreunde „natürlich" für den Werkunterricht entschieden, ging er lieber mit den Mädchen kochen. Nach mehreren Stationen als Koch in renommierten Vorarlberger Wirtshäusern übernahm er vor zehn Jahren das „Rankler Schäfle".

Gasthaus Schäfle

Sigmund-Nachbaur-Str. 14 | 6830 Rankweil
Tel.: + 43 (0) 5522/445 48
info@schaefle.com
www.schaefle.com

Hämmerle geht es darum, seinen Gästen das „Gesamterlebnis Gasthaus" zu vermitteln, was in einem derart alten und stimmungsvollen Haus natürlich recht leicht gelingt. Und doch sitzen die Gäste – wann immer es das Wetter zulässt – lieber vor dem Gasthaus. Kein Wunder, hat das Schäfle doch einen der schönsten Gastgärten im ganzen Ländle. Für Günter Hämmerle ist der Begriff Regionalität kein Lippenbekenntnis. Er pflegt den Kontakt zu seinen Lieferanten und arbeitet eng mit der Sennerei Schnifis zusammen, von der er den ausgezeichneten Heumilchkäse bezieht. Käse spielt im Schäfle überhaupt eine große Rolle. Es gibt ihn nicht nur „pur" (etwa als Laurentiuskäse-Carpaccio mit selbst gebackenem Brot) und in Form von Kässpätzle, auch bei vielen anderen Gerichten, wie etwa den Schweinsmedaillons mit Bergkäsekruste, kommt Vorarlberger Käse zum Einsatz. Wer normalerweise einen weiten Bogen um Putenfleisch macht, weil es oft so langweilig schmeckt, sollte sein Vorurteil im Schäfle ruhig einmal beiseiteschieben. Das Putenfleisch aus Übersaxen ist zart, fein und schmeckt einfach. Das Speiseangebot wechselt mit der Jahreszeit, nur der legendäre Nusspudding nach Originalrezept von Fanni Amann steht das ganze Jahr über auf der Karte. Das muss so sein, so der einhellige Tenor der Stammgäste.

Montafoner Sura Kees

Sein Geschmack gleicht einer Hommage an das Montafon, an das Gebiet, in dem er bis heute zu Hause ist. Hier wird er bewahrt, der einzigartige Sura Kees – wie ein Relikt aus einer Zeit, als die Käseherstellung noch ohne Lab erfolgte. Gemeinsam mit dem Montafon steht er für eine der ältesten Käsetraditionen der Alpen und so schmeckt er auch: echt und unverfälscht.

Schon seit dem 12. Jahrhundert stellen die Montafoner den Sura Kees her. Und sie können damit auf eine der ältesten Traditionen der Käseherstellung im Alpenraum zurückblicken.

Seinen einzigartigen Geschmack bekommt der Käse durch die vielfältigen Kräuter und Gräser, die die Milchkühe der Region während ihrer Zeit auf den Almen und Weiden verzehren.

Obwohl der Sura Kees eigentlich ein Nebenprodukt der Buttererzeugung ist, würde ihm diese Bezeichnung auf keinen Fall gerecht werden. Goldgelb bis rötlich-braun glänzt seine glatte Rinde, die das cremige weiße Innere schützt. Ist der Sura Kees reif, hat er einen unvergleichlichen milden, aber trotzdem aromatischen Geschmack. Mit dem Alter wird er, wie so vieles andere auch, etwas pikant und säuerlich – doch das tut dem Genuss keinen Abbruch.

Und obwohl er so schmelzend cremig und weich ist, dass man beim Genuss des Sura Kees lieber gar keinen Gedanken an die Gesundheit verschwenden möchte, überrascht der Montafoner mit einem äußerst geringen Cholesteringehalt und einem Fettanteil von nur ein bis zehn Prozent.

Käseliebhaber können diese Spezialität in zahlreichen Restaurants genießen. Ob in traditioneller Form oder auch raffiniert verarbeitet in der heimischen gehobenen Küche. Aber auch im heimischen Lebensmittelhandel darf dieser spezielle Käse nicht mehr fehlen.

Rehrücken in Bärlauch-Crêpes gerollt

Genussgasthof Sonnenburg

Zutaten

Rehrücken

2 kg	Rehrücken, pariert
2	Rosmarinzweige
	Salz, frisch gemahlener Pfeffer
3–4	Knoblauchzehen
	Pflanzenöl

Bärlauch-Crêpes

375 g	Mehl
4	österreichische Freilandeier
0,75 l	Vollmilch
1 EL	Olivenöl
	Salz
2 El	Bärlauchpesto

Füllung:

125 g	Räucherspeck
2	Zwiebeln
50 g	Butterschmalz
300 g	Champignons
3 El	Sherry, trocken
1/2 Bund	Petersilie
	Salz, frisch gemahlener Pfeffer
	Muskatnuss
2	Dotter von österreichischen Freilandeiern

Tipp

Bärlauchpesto finden Sie im Fachhandel, auf lokalen Märkten und in Bioläden.

Zubereitung

Rehrücken

Den parierten Rehrücken auf allen Seiten salzen und pfeffern. In einer großen Pfanne Pflanzenöl erhitzen und den Rehrücken darin scharf auf allen Seiten an- und ganze Knoblauchzehen und Rosmarinzweige mitbraten. Das Fleisch aus der Pfanne nehmen, in Alufolie wickeln und beiseitestellen.

Bärlauch-Crêpes

Mehl in eine Schüssel sieben, etwas Salz, die Milch und die aufgeschlagenen Eier nacheinander dazugeben und zu einem glatten Teig verrühren. 30 Minuten abgedeckt kalt stellen. Danach das Bärlauchpesto unterrühren.

Eine beschichtete Pfanne mit etwas Öl einreiben und leicht erhitzen. Dann immer nur so viel Teig in die Pfanne geben und verteilen, dass je eine dünne Crêpe entsteht. Die fertigen Crêpes auf einem Teller beiseitestellen.

Räucherspeck, Zwiebeln und Pilze fein würfeln und Petersilie hacken. In einer Pfanne den Räucherspeck auslassen, dann die Zwiebeln, Champignons und Petersilie mitrösten.

Die fertigen Crêpe einzeln auf ein Küchenbrett legen und die Füllung darauf verteilen. Den angebratenen Rehrücken aus der Alufolie herausnehmen und auf die mit Füllung bestrichenen Crêpes legen. Die Ränder der Crêpes mit gequirltem Eigelb bestreichen und dann einrollen. Backrohr auf 90 °C vorheizen und den Crêpeummantelten Rehrücken in einer feuerfesten Pfanne darin 25 Minuten fertig garen.

Rehrücken vorsichtig aus dem Rohr nehmen, mit einem scharfen Messer portionieren und auf vorgewärmten Tellern anrichten. Der Küchenchef vom Hotel Sonnenburg kredenzt dazu eine Eierschwammerltarte, eine Couscous-Rolle und ein Elsbeer-Sorbet.

Genussgasthof Sonnenburg

Gutes Essen hält bekanntlich Leib und Seele zusammen. Diesem genussvollen Motto hat man sich auch im Genussgasthof Sonnenburg verschrieben. Das Bestreben der Familie Wohlgenannt, die hier in dritter Generation als herzliche Gastgeber aktiv ist, gilt einem Leben in Gesundheit und Nachhaltigkeit im Sinne einer ganzheitlichen Lebenseinstellung.

Eine Möglichkeit, dem eigenen Lebensrhythmus auf die Spur zu kommen, ist die im Haus angebotene Lebensfeuer-Messung, bei der die Herzratenvariabilität über 24 Stunden hindurch erfasst wird. Zum ganzheitlichen Wohlbefinden gehört selbstverständlich auch eine gesunde und vor allem gute Küche. In der knapp 100 Jahre alten Bauernstube kann man die Vielseitigkeit der Region erschmecken, sowohl in ganz klassischer Ausführung (Käsknöpfle) als auch in kreativeren Interpretationen wie beim Gebackenen vom Melködeschwein mit Knoblauchpüree, rotem Mangold, schwarzem Reis und Hagelkorn. Ein Gericht, das nicht nur den Gaumen, sondern auch das Auge erfreut. Besonders vorbildlich ist die Burmi-Karte für die Kinder. Damit der Nachwuchs nicht immer zu Pizza, Schnitzel und Pommes Frittes greift, bietet man sämtliche Gerichte auch als Kinderportionen zum halben Preis an. 1929 wurde die Sonnenburg als Gasthaus mit Beherbergung gegründet. 2011 wurde das Stammhaus mit seinen gemütlichen Stuben um einen modernen Bau erweitert, der mit klarer Ästhetik sowie Holz und Glas einen gelungen Brückenschlag ins 21. Jahrhundert darstellt.

Genussgasthof Sonnenburg

Ausserschwende 21 | 6991 Riezlern
Tel.: + 43 (0) 55 17/52 51
info@genussgasthof.at
www.genussgasthof.at

Kleinwalsertaler Wild und Rind

Als kleine Enklave liegt das Kleinwalsertal von Bergen umgeben in Vorarlberg. Mit dem Auto ist es nur über Deutschland zu erreichen und bietet mit seiner Abgeschiedenheit einen ganz besonderen Reiz.

Die saftigen Weiden und die ursprüngliche Natur des Walsertales bieten gleich zwei Leitprodukten der GenussRegion den idealen Lebensraum. Denn hier fühlen sich Rinder wie Wildtiere richtig wohl, wenn sie ihr Leben in den Wäldern und auf den Wiesen verbringen und sich die Almkräuter schmecken lassen.

Das wirkt sich auch auf die Qualität des Fleisches aus. Denn das Kleinwalsertaler Rind ist ebenso wie das Kleinwalsertaler Wild, zu dem Reh-, Rot-, Stein- und Gamswild gehören, bekannt für den vorzüglichen Geschmack seines Fleisches. Der Grund dafür liegt natürlich in der gesunden Ernährung der Tiere, aber auch an den kurzen Transportwegen, die die Tiere innerhalb des Tales zurücklegen.

Rund 40 bäuerliche Familienbetriebe bewirtschaften hier 1.100 ha Grünfläche und insgesamt 29 Jagdgemeinschaften kümmern sich um die Pflege des Wilds.

Und obwohl das Tal nur aus vier Ortschaften besteht, bieten die gastfreundlichen Walser viel Platz für ihre Gäste. Das Kleinwalsertal zählt mit seinen landschaftlichen und kulinarischen Schätzen zu einer der stärksten Tourismusgemeinden in ganz Österreich und kann jährlich rund 1,5 Mio. Nächtigungen verzeichnen.

Beuschl – einmal anders

Alpahotel Walserstuba

Zutaten

Für unser etwas anderes Beuschel benötigen Sie folgende oder ähnliche Lebensmittel, am besten aus den GenussRegionen Österreichs

ca. 1 kg	Herz und Lunge, am besten vom Hirschkalb, gut gewässert (alternativ 800 g Hirsch-Schulter)
0,75 l	Rotwein, z. B. Blauer Zweigelt
2 1/2 l	Brühe (Geflügel, Wild oder Rind)
je 1	Lauch, Petersilienwurzel, gelbe Rübe, gewaschen und grob geschnitten
2	Zwiebeln, halbiert und goldbraun geröstet
1/2	Knoblauchknolle
1/4 l	Verjus (Saft von unreifen, grünen Trauben) oder 0,1 l Rotwein-Essig
1	Lorbeerblatt
1	Nelke
3	Piment-Körner
2	Wachholderbeeren
1	Kräuter-Sträußchen mit Quendel (Thymian), Dost (Oregano) und Majoran
100 g	Butter
50 g	glattes Mehl
2	Schalotten, fein gewürfelt
2	Knoblauchzehen, fein gewürfelt
1 Tl	getrockneter Majoran
4 El	Waldhonig bzw. österreichischer Imkerhonig
2 cl	Heidelbeer-Essig oder Apfel-Essig
1	kleiner Bund Petersilie, fein gehackt
50 g	Wald-Heidelbeeren
50 g	Wild-Preiselbeeren

Zubereitung

Alle Zutaten außer der Lunge in einem großen Topf kalt ansetzen, zum Kochen bringen und halb zugedeckt leicht köcheln lassen. Nach 1 1/2 Stunden Kochzeit die Lunge zufügen und das Ganze weitere 1 1/2 Stunden leicht köcheln lassen. Dabei am besten ein passendes Durchschlagsieb in den Topf stellen und mit einer Pfanne beschweren, damit die Lunge immer im Sud bleibt, nicht aufgeschwemmt wird und somit gleichmäßig gegart wird. Die Innereien sollten im Idealfall von der „Gabel fallen", danach im Sud erkalten lassen.

Herz und Lunge von Knorpel und Blutgefäßen befreien und in möglichst feine Streifen schneiden.

Den Sud durch ein feines Sieb gießen und beiseitestellen.

Butter aufschäumen, mit Mehl andicken, fein geschnittene Schalotten zufügen und alles goldbraun rösten. Jetzt den Knoblauch und den Majoran einrühren und mit dem Sud ablöschen, dabei gut umrühren, damit keine Klumpen entstehen. Gegebenenfalls mit einem Mixstab nachhelfen. Jetzt die gekochten und fein geschnittenen Innereien zufügen. Ca. 5 Min. leicht kochen lassen, ständig umrühren und mit Salz und Pfeffer abschmecken.

Heidelbeer-Essig, Petersilie, Heidel- und Preiselbeeren zufügen und ein letztes Mal aufkochen – guten Appetit!

Tipp

Als Beilage reichen wir einen Riibl, auch als Sterz oder Stopfer bekannt (abgeschmalzter Maisgrieß-Brei), Semmelknödel, Serviettenknödel oder Grießknödel.

Alpahotel Walserstuba

Ein gewisses Sendungsbewusstsein ist Jeremias Riezler nicht abzusprechen. Als Fremder, der mit dem Walser Dialekt nicht so vertraut ist, muss man aber zweimal hinhören, wenn er über „Önsche Walser Chuche" spricht. Gemeinsam mit fünf Kollegen aus dem Tal hat sich der junge Küchenchef im elterlichen Alpahotel dem Thema „Unsere Walser Küche" verschrieben.

Alpahotel Walserstuba

Eggstraße 2 | 6991 Riezlern
Tel.: + 43 (0) 55 17/534 60
info@walserstuba.at
www.walserstuba.at

Zu entdecken gibt es für ihn noch viel, weil einige traditionelle Küchengeheimnisse in den letzten Jahrzehnten (fast) verschwunden sind und nur noch in handschriftlichen Aufzeichnungen der vorigen Generationen dokumentiert sind. So hat er etwa die „Zwetschga-Suppa" wieder entdeckt, die früher ein Arme-Leute-Essen war, mit dem man sich über den harten Winter gerettet hat. Riezler zaubert aus der mit Dörrzwetschken zubereiteten Suppe ein richtiges Feinschmeckergericht. Sein Motto: Nur das kochen, was es woanders nicht gibt. Am liebsten verwendet er Produkte aus dem Kleinwalsertal, wie vom Rind und Wild. Doch so heimatbewusst Riezler auch ist, engstirnig ist er nicht. Was bedeutet für ihn regionale Herkunft? Alles, was man bei guter Sicht vom Widderstein aus sieht, gehört zur Region. Deshalb greift er in der Küche selbstverständlich auch zu Gemüse aus dem Allgäu. Schließlich kennt er auch seine bayerischen Lieferanten alle persönlich. So ernst es Jeremias Riezler mit der Herkunft seiner Produkte nimmt, so locker und humorvoll geht es in der Gaststube zu. Wenn der Kinderwagen vorfährt, darf man sich auf verschiedene süße Verführungen freuen, die sich im Inneren des Wagens verbergen.

Beuschl – einmal anders ...
zum Beispiel ohne Innereien

„Dieses Rezept wurde von mir eigens für Herz und Lunge vom Hirschkalb oder Reh entwickelt. Es eignet sich aber genauso gut für dieselben Innereien von Kalb oder Lamm.

Wer gar **kein Innereien-Freund** ist, ersetzt diese einfach durch 800 g dunkles Fleisch, z. B. eine Hirsch-Schulter oder ein Schulterscherzel vom Rind, und bereitet diese Teile auf dieselbe Weise zu. Ein „Falsches Beuschel" wird genauso zum Gedicht!

Mein Grundsatz beim Kochen lautet immer: **Ähnliches wird durch Ähnliches ersetzt.** Wer keinen Zugang zu speziellen Lebensmitteln eines Rezeptes hat, wenn weder Innereien vom Wild noch Waldhonig, Heidelbeeren oder Heidelbeeressig verfügbar sind, der ersetzt diese Produkte einfach durch ähnliche! Innereien vom Kalb, Blütenhonig vom Imker des Vertrauens, säuerliches Obst oder Gemüse und ein fruchtiger Apfelbalsam-Essig ergeben eine ähnlich stimmige Harmonie wie mein ‚Grundrezept'."

Jeremias Riezler

☞ Ersetzen Sie beim Kochen also einfach die unbeliebten oder nicht vorhandenen Zutaten durch ähnliche.
Viel Freude beim Experimentieren und Improvisieren!

Frisches Obst und Gemüse am Wiener Naschmarkt

Wien

Strebersdorferhof

Gasthaus Möslinger

GenussGärtnerei
Ganger

Donau

Wien

1

Zu den Schobers
im Giersterbräu

WIEN

1   Wiener Gemüse

Karpfen in Graumohnpanier

Gasthaus Möslinger

Zutaten

4	Karpfenfilets, geschröpft
100 g	Graumohn, gemahlen
	Zitronensaft
2	österreichische Freilandeier
	Semmelbrösel
	Mehl
	Pflanzenöl
	Salz, Pfeffer

Zubereitung

Karpfenfilets auf beiden Seiten salzen, pfeffern und mit Zitronensaft beträufeln. Anschließend zuerst in Mehl, dann in geschlagenen Eiern und zuletzt in Mohnbröseln (Semmelbrösel und Mohn vermischen) panieren.

In einer Pfanne Öl erhitzen und Karpfen darin auf beiden Seiten goldbraun backen.

Tipp

Mit Erdäpfel- oder Sellerpüree, gekochten Petersilerdäpfeln oder Erdäpfelsalat mit Wiener Marinade servieren.

Mohn-Kokossuppe mit Karpfennockerln

Zutaten

Karpfennockerln

250 g	Karpfenfilet, geschröpft
1	österreichisches Freilandei
	Salz, frisch gemahlener Pfeffer
	Semmelbrösel

Suppe

1/2	Zwiebel, fein gehackt
2 El	Wachauer Marillenmarmelade
2 El	Kristallzucker
	Salz
650 ml	Gemüsefond oder -brühe
250 ml	Kokosmilch, ungesüßt (Packerl oder Dose)
	Zesten von einer unbehandelten Orange
	Saft von 1/2 Orange
	ein Spritzer Zitronensaft
2 El	Waldviertler Mohn

Zubereitung

Karpfennockerln

Karpfenfilet kuttern und mit Ei, Salz, Pfeffer und Semmelbrösel in der Küchenmaschine zu einer kompakten Massen verarbeiten. Mit zwei Löffeln Nockerln formen.

Gesalzenes Wasser in einem Topf zum Kochen bringen und die Karpfennockerln darin etwa 10 Minuten leicht köcheln.

Suppe

In einer Pfanne mit Pflanzenöl gehackte Zwiebel mit Marmelade, Salz und Zucker zu einer glasigen Pasta anschwitzen, mit Gemüsefond oder -brühe aufgießen und alles 10 Minuten köcheln lassen. Mit Stabmixer pürieren, die Kokosmilch hinzufügen und nochmal aufkochen lassen. Die Zeste, den Orangensaft, den Zitronensaft und den Mohn beigeben. Mit Salz und Pfeffer abschmecken.

Die Suppe mit den Karpfennockerln in vorgewärmten Suppentellern anrichten und servieren.

(Mohn-Kokossuppe ohne Abbildung)

Gasthaus Möslinger

Mitten im Stuwerviertel, gleich neben dem Prater, befindet sich eine kulinarische Insel des Waldviertels. Josef und Monika Taudes bringen den Geschmack ihrer ursprünglichen Heimat im Gasthaus Möslinger in vielfältiger Art und Weise auf den Teller und ins Glas. Das Angebot wechselt mit den Jahreszeiten, doch Waldviertler Erdäpfel, Karpfen und Mohn gibt es eigentlich immer auf der Karte – sehr oft auch als Waldviertler Trio auf einem Teller harmonisch vereint:

Mit Graumohn gebratenes Karpfenfilet und Erdäpfelsalat verspricht Waldviertler Genuss hoch drei. Auch Bauernenten, Schafskäse, Steinpilze und vieles andere mehr bezieht die Familie Taudes je nach Jahreszeit und Marktlage direkt aus dem Waldviertel.
Ergänzt wird das unter „Waldviertel pur" firmierende Speiseangebot mit bewährten Wirtshausklassikern wie Zwiebelrostbraten, gebackene Leber und dem unverzichtbaren Wiener Schnitzel. Besonders beliebt sind auch die hausgemachten Nachspeisen, bei denen der Waldviertler Graumohn eine gewichtige Rolle spielt. Legendär sind die Mohnnudeln mit Zwetschkenröster, verführerisch zart das Graumohnparfait, fruchtig und saftig die Weißmohn-Apfeltorte. Als echtes Gasthaus, das auch als sozialer Treffpunkt für die Nachbarschaft dient, wird hier natürlich auch die Bierkultur hochgehalten. Aus Schrems, Weitra und Zwettl hat die Familie Taudes gleich drei Waldviertler Biere vom Fass. Ausgesuchte Waldviertler Spezialitäten wie Marmeladen, Säfte, Mohn und andere kann man auch käuflich erwerben und so die Lust aufs Waldviertel auch zu Hause stillen.

Gasthaus Möslinger

Stuwerstraße 14 | 1020 Wien
Tel.: + 43 (0) 1/728 01 95
office@gasthausmoeslinger.at
www.gasthausmoeslinger.at

Waldviertler Graumohn g.U.

Noch ist das Waldviertel ein Stück weit unentdeckt. Fern von Massenbetrieb und Hektik ist die Gegend nordwestlich von Wien bis heute ursprünglich geblieben. Seit dem 13. Jahrhundert hat hier eine legendenumwobene Kulturpflanze nachweislich Tradition: der Waldviertler Graumohn g.U. Weil die Mohnqualität heute in engem Zusammenhang mit der Region und ihrer Lebensweise steht, darf der Waldviertler Graumohn g.U. europaweit besonders gekennzeichnet werden. Und darauf kann der Mohn schon stolz sein. Denn diese Auszeichnung erhalten nur jene Produkte, deren Beschaffenheit im hohen Maß von den klimatischen, geologischen und kulturellen Besonderheiten einer Region abhängt. Daher ist nur jener Mohn echter Waldviertler Graumohn g.U., der auf den Feldern der Bezirke Zwettl, Gmünd, Waidhofen/Thaya, Horn und in den nördlich der Donau gelegenen Regionen von Krems-Land und Melk wächst. Ein echter Waldviertler muss er also sein.

Nachdem der Mohn im Frühjahr ausgesät wurde, muss man sich etwa 70 bis 90 Tage gedulden, bis die Mohnfelder in ihrer roten Blütenpracht erstrahlen. Ist der Mohn endlich reif, machen sich die Felder durch ein rasselndes Geräusch bemerkbar. Dann lösen sich die Samenkörner von den Scheidewänden und sammeln sich am Boden der trockenen Kapsel. Jetzt ist Zeit für die Ernte. Das geschieht entweder mit eigens entwickelten Mohnerntemaschinen oder nach wie vor – und bevorzugt – von Hand.

Und dann ist er auch endlich so weit, zu unterschiedlichen Köstlichkeiten verarbeitet werden zu können. Besonders gut macht sich der Mohn übrigens in Knödeln, Tatschkerln, Zelten, Strudeln und Nudeln.

Erdäpfel-Zucchini-Laibchen mit Salat

Zu den Schobers im Giersterbräu

Zutaten

Zucchini-Laibchen

400 g	Zucchini, grob gerieben
4 El	Heumilch-Emmentaler
200 g	Schafkäse (z. B. aus Weiz), zerdrückt, gerieben
3	mehlige Erdäpfel, gekocht und zerdrückt (passiert)
1 El	Semmelbrösel
2	österreichische Freilandeier
2	Knoblauchzehen, gepresst
1 El	Minze, gehackt
	Rapsöl

Salat

400 g	Salat und Gemüse nach Saison (Paradeiser, Paprika, Gurken, Blattsalate, Radieschen)
2 El	Apfel-Balsam-Essig
6 El	Olivenöl
1/2 Tl	Zucker
	Salz und frisch gemahlener Pfeffer

Zubereitung

Zucchini-Laibchen

Die geriebenen Zucchini leicht salzen und etwa 20 Minuten ziehen lassen. Ausdrücken und alle Zutaten miteinander vermischen und 45 Minuten in den Kühlschrank geben.

Masse aus dem Kühlschrank nehmen und Laibchen formen. In einer Pfanne Pflanzenöl erhitzen und die Zucchini-Laibchen von beiden Seiten darin knusprig anbraten.

Einmal wenden und dabei die Pfanne leicht hin und her bewegen, damit die Panier schöne Blasen wirft.

Salat

Salate oder Gemüse gründlich waschen. Die Blattsalate trocken schleudern und anderes Gemüse gefällig schneiden. Mit Essig und Öl marinieren, mit Zucker, Salz und Pfeffer abschmecken und anrichten.

Tipp

Blattsalate immer nur kurz vor dem Servieren marinieren, da sie sonst zusammenfallen.

Zu den Schobers im Giersterbräu

Die ersten 16 Jahre führten Alois und Hedwig Schober ihr Lokal in der Giestergasse als italienisches Ristorante, wovon der nach wie vor bestehende und täglich befeuerte Pizza-Ofen zeugt. Hier zeigt sich auf erfreuliche Weise, dass man nicht aus Neapel stammen muss, um eine frische, knusprige Pizza mit hochwertigen Auflagen zu backen. Wieso auch ein Angebot einstellen, das von den Gästen heiß geliebt wird?

Giersterbräu

Giestergasse 10 | 1120 Wien
Tel.: + 43 (0) 1/813 14 71
schober@giersterbraeu.com
www.giersterbraeu.com

Im Jahr 2002 haben die Schobers beschlossen, sich auf ihre eigene kulinarische Tradition zu besinnen, und bieten seither eine gutbürgerliche Küche mit klassischen Wiener Gerichten an. „Wir haben das Wirtshaus nicht erfunden, aber wir leben es" lautet das Motto von Alois und Hedwig Schober. Die Küche ist im besten Sinne bodenständig, die Grundprodukte immer hervorragend und mit ausgezeichneter Herkunftsgarantie. Das macht den Genuss von traditionellen Gerichten wie Rahmbeuschl und Wiener Schnitzel (beides vom Kremstaler Milchkalb) oder Saftgulasch, gekochte Fledermaus und Zwiebelrostbraten (Zickentaler Moorochs) doppelt so erfreulich. Zusätzlich gibt es zu Mittag ein täglich wechselndes und äußerst fair kalkuliertes Menü. Neben acht verschiedenen Schankweinen und rund 170 Flaschenweinen werden fünf unterschiedliche, immer perfekt gezapfte Biere angeboten. Eine gepflegte Bierkultur ist den Schobers sehr wichtig, schließlich trägt man „Bräu" ja auch im Namen des Lokals.

GENUSSREGION
Wiener Gemüse

Wussten Sie, dass Wien nicht nur durch die vielen Sonnentage, sondern auch durch seine günstige Lage ein ideales Gemüseanbaugebiet ist? Der nahe gelegene Neusiedler See wirkt als riesiger Wärmespeicher, der ein fast mediterranes Klima schafft und die GenussRegion Wiener Gemüse zu einem der besten Gemüseanbaugebiete Europas macht. Obwohl man es sich vielleicht schwer vorstellen kann, werden in Wien sogar 17 Prozent der Landesfläche für den landwirtschaftliche Anbau von Obst, Gemüse, Wein und Brotgetreide genutzt.

Schon seit dem 15. Jh. versorgen Wiener Gemüsegärtner die Stadtbevölkerung mit frischen Produkten. Ihrem Engagement und dem reichen Wissen ihrer Vorfahren verdanken die Wiener heute ein sortenreiches Angebot an besonders schmackhaftem Gemüse. Und das beinahe das ganze Jahr über. Denn auf den Feldern und vor allem in den Glashäusern der GenussRegion Wiener Gemüse gedeihen ganze Regenbögen an Gemüsesorten. Grüne Gurken, leuchtend rote Paradeiser, rötlich-pinke Radieschen, weißer Karfiol und hellgrüner Kohlrabi sind nur ein paar Vertreter der vielfältigen Gemüsekulturen in dieser Region.

Über 40 Gemüsesorten bieten die Wiener Gärtner heute an. So groß die Auswahl auch ist, Wiener Gemüse wird nach wie vor im Kleinen produziert. Die berühmten Wiener Märkte gelten von jeher als wichtigste Vermarktungsstellen für frisches Gemüse. Aber auch ab Hof oder im Lebensmittelhandel warten die Vitaminspender auf die Genießer.

Püree vom Hokkaido-Kürbis mit Lammrückenfilet

Strebersdorferhof

Zutaten

- 4 Filets vom Lammrücken, zugeputzt und von Sehnen befreit
- 1 Hokkaido-Kürbis
- 5 Erdäpfel, mehlig
- 4 Kohlblätter, blanchiert
- 4 Rosmarinzweige
- 8 Scheiben durchzogener Speck
- 2 El Butter
- 1/4 l Milch (oder Schlagobers)
- Salz
- Muskat
- frisch gemahlener weißer Pfeffer
- Pflanzenöl

Tipp

Dazu passen Kohlsprossen.
Die äußeren Blätter entfernen und die Kohlsprossen kreuzförmig einschneiden, in Salzwasser kurz kochen. Mit Butterflocken verfeinern.

Zubereitung

Kürbispüree

Die rohen Erdäpfel schälen und zerschneiden. Den Stiel und die Kerne vom Hokkaido entfernen (die Schale kann man essen) und den Kürbis ebenfalls in Stücke schneiden. In einem Topf gesalzenes Wasser zum Kochen bringen und Kürbis und Erdäpfel zusammen darin etwa 30 Minuten garen. Abseihen und heiß ausdampfen lassen. Anschließend gemeinsam passieren.

In einem Topf Milch erhitzen. Handwarme Butter zur passierten Erdäpfel-Kürbismasse einrühren. Dann die heiße Milch nach und nach unterziehen. Mit Salz, weißem Pfeffer und einem Hauch geriebener Muskatnuss würzen.

Lammrückenfilets

Kohlblätter blanchieren (kurz in heißem Wasser schwenken).
Lammfilets vorsichtig mit einem scharfen Messer von der Silberhaut befreien, salzen und pfeffern. Mit einem Rosmarinzweig belegen und mit den vorblanchierten Kohlblätter einwickeln. Das Kohl-Rosmarin-Lamm-Packerl nun auch mit den Speckscheiben umwickeln.

In einer Pfanne Pflanzenöl erhitzen, die verpackten Lammfilets darin auf allen Seiten scharf anbraten und anschließend in Alufolie auf einen feuerfesten Teller legen.

Backrohr auf 110 °C vorheizen und die angebratenen Lamm-Packerln darin noch 5–10 Minuten fertig garen. Den Bratenrückstand in der Pfanne mit Rotwein ablöschen und zum Abschluss noch ein Stück kalte Butter dazugeben und vom Herd nehmen.

Lamm-Packerln von der Alufolie befreien und auf vorgewärmte Teller legen. Hokkaido-Erdäpfel-Püree dazu anrichten und mit Bratensaft angießen.

Strebersdorferhof

Weltoffenheit und Bekenntnis zur eigenen Herkunft sind kein Widerspruch. Oft können gerade jene Menschen, die ein bisschen etwas von der Welt gesehen haben, die Schätze vor der eigenen Haustüre mehr schätzen als die Daheimgebliebenen. Das gilt auch für Sabine Haas, die Wirtin und Küchenchefin des Strebersdorferhofes in Floridsdorf.

Sie verbrachte viele Jahre in Spanien, wo sie Land, Leute und vor allem die dortige Küche schätzen lernte, was sich auch im Angebot des Strebersdorferhofes niederschlägt. Bei den regelmäßig stattfindenden spanischen Abenden kommen dann noch authentische Spezialitäten und Musik von der iberischen Halbinsel dazu. Und doch ist der Strebersdorferhof ein bodenständiges Restaurant mit klassischer österreichischer Küche. Das Gemüse stammt von Wiener Gärtnern, die Kräuter gar aus dem eigenen Kräutergarten. Kurze Transportwege sind der weit gereisten Wirtin eben wichtig. Egal ob Kalbsbeuschel mit Semmelknödeln, Erdäpfel-Blunzentaschen auf roten Rüben, Tafelspitz mit klassischen Beilagen, das heute kaum noch angebotene Bruckfleisch oder das unverzichtbare Wiener Schnitzel, alles wird hier in einer Qualität geboten, die man nur mehr selten findet. Ein weiteres kulinarisches Steckenpferd der Wirtin sind die Mehlspeisen, wobei sie sehr gerne mit Mohn aus der GenussRegion Waldviertler Mohn kocht. Legendär ist die Waldviertler Mohntorte. Neben dem Restaurant gibt es im Strebersdorferhof auch ein kleines Beisl, das durchgehend geöffnet hat. „Hungern muss man bei uns nie", lautet das Credo der engagierten Gastgeberin.

Strebersdorferhof

Rußbergstraße 46 | 1210 Wien
Tel.: + 43 (0) 1/ 292 57 22
bzw. 43 (0) 1/ 292 88 69
info@strebersdorferhof.at
www.strebersdorferhof.at
www.facebook.com/strebersdorferhof

Retzer Land Kürbis

Das, was im Volksmund liebevoll „Bluza" genannt wird, gedeiht im Retzer Land am besten: der Kürbis. Durch die besonderen Klima- und Bodenverhältnisse in der GenussRegion wächst der Kürbis hier zwischen sanften Hügeln und idyllischen Weingärten und breitet seine langen Ranken auf den Äckern aus.

Doch Kürbis ist nicht gleich Kürbis. Insgesamt wachsen in der Region rund 600 verschiedene Kürbissorten, Öl-, Speise- und Zierkürbisse werden im Retzer Land angebaut.

Im Sommer haben es die über 600 verschiedenen die Kürbissorten richtig warm und können so zu richtigen Bluzern heranwachsen. Langer von Neapel, Bischofsmütze, Sweet Dumpling oder Muscat de Provence sind ihre klingenden Namen. Natürlich vergisst man im Retzer Land aber auch die „Klassiker" wie den Retzer Gold oder den Gleisdorfer Ölkürbis nicht. Ganz im Gegenteil: Sie sind sogar die bedeutensten Sorten der GenussRegion. Leuchtend orange, hellgelb, dunkelgrün gestreift oder fast weiß sind die Bluza, wenn sie, je nach Sorte und Witterung, in den Monaten Juni bis Oktober geerntet werden. Doch nicht nur von außen sind die Kürbisse hübsch anzusehen, sie haben auch ganz besondere innere Werte: Ihr weißlich gelbes bis hin zu orange-rötliches Fruchtfleisch schmeckt natürlich auch ganz ausgezeichnet!

Das Frischgemüse, verarbeitet zu Kürbiskrautsalat oder Kürbiskompott, besitzt eine große Anhängerschaft. Und auch als Suppe, Salat, Gulasch oder als süßes Kürbiskipferl macht der Retzer Land Kürbis eine gute Figur.

GenussGärtnerei Ganger

Wien ist eine internationale Millionenmetropole, deren Großstadtflair erfüllt ist mit pulsierendem Leben und vielfältiger Genussszenerie. Gleichzeitig finden sich innerhalb der Stadtgrenzen zahlreiche Grünoasen, Weingärten und Gemüsefelder. Im 22. Bezirk, Donaustadt/Aspern, betreibt Marianne Ganger als Familienbetrieb bereits in vierter Generation eine Gärtnerei, die neben Zierpflanzen und Schnittblumen auch viel Gemüse anbaut, das im AB HOF-Laden angeboten und von der Gastronomie geschätzt wird.

Die Vorteile von lokal angebautem Gemüse liegen auf der Hand. Weil die Wege kürzer sind, ist regionales Gemüse frischer. Dadurch schmeckt es besser und ist gesünder. Das Angebot der Gärtnerei Ganger wechselt mit den Jahreszeiten. Gurken, Paprika und Paradeiser werden hier genauso angebaut wie kleinere Mengen von weniger bekannten Gemüsesorten. Ein besonderes Anliegen ist Familie Ganger und ihrem Team die Pflege alter, fast schon ausgestorbener Gemüsesorten. Deshalb arbeitet sie aktiv mit der niederösterreichischen Saatgut-Initiative „Arche Noah" zusammen. Bei der Produktion wird nach den Richtlinien der integrierten Produktion (IP) gearbeitet, das heißt, es wird mit Nützlingen natürlich kultiviert.

Das Zusammenspiel von gärtnerischem Fachwissen, liebevoller Kulturführung, Frische, Qualität und besonderen Sorten führt zum Genuss!

GenussGärtnerei Ganger

Aspernstraße 15–21 | 1220 Wien
Tel.: + 43 (0) 664/845 04 72
fm@gaertnerei-ganger.at
www.gaertnerei-ganger.at

REZEPTREGISTER

SUPPEN

100 verschiedene Kräuter Bergheusuppe	142
Cremige Zwiebelsuppe mit gefüllter Zwiebel und Apfelmost	60
Mohn-Kokossuppe mit Karpfennockerln	164
Steirische Kürbiscemesuppe mit Hendl-Kräuter-palatschinken	114

FLEISCHLOS & GEMÜSE

Erdäpfel-Zucchini-Laibchen mit Salat	168
Geräucherter Sellerie mit Steinpilzen, Jungzwiebeln, Neusetzer & Selleriejus	56
Kärntner Kasnudeln	38
Paznauner Almkäseknödel mit Wildkräutersalat und Früchte-Chutney	124
Rüben, Quitte und Buchweizen	136

FISCH

Fish & Chips mit fruchtiger Kren-Mayonnaise	110
Forellenröllchen mit zweierlei Kohlrabi	80
Gebratene Forelle mit Erdäpfeln	84
Gebratenes Filet von der Seeforelle mit Risotto	50
Karpfen in Graumohnpanier	164

FLEISCH

SCHWEIN

Gamsbutterschnitzerl	99
Gefüllte Spanferkelbrust mit Brennnessel-Schafkäseravioli und Zwetschken-Chutney	132
Schweinslungenbraten im Strudelblatt mit Erdäpfel-Schupfnudeln	70

RIND

Gekochter Tafelspitz vom Tiroler Vollmilchkalbl	128
Geschmorte Rindswangen auf Kohlrabirisotto	24
Rinderfilet mit Walnusskruste	100
Rindsroulade mit Kartoffelgebäck und Speckbohnen	46

LAMM

Ennstaler Lammlasagne	106
Geschmorte Lammkeule mit Erdäpfel-Spinatstrudel	42
Geschmorte Milchlammstelze mit Gemüsegröstl	90
Püree vom Hokkaido-Kürbis mit Lammrückenfilet	172

WILD

Gamsgulasch	104
Gefüllte Teigtascherln, Rehrücken und Selleriepüree	94
Reh-Hack-Laible	146
Rehrücken in Bärlauch-Crêpes gerollt	154
Beuschl – einmal anders	158

SÜSSSPEISEN

Dinkel-Marillenknödel mit Marillenröster	28
Elsbeer-Schokoladentorte	74
Gebackenes Grießkoch in Nusspanier mit Sauerrahmeis	32

KÄSE

Terrine vom Montafoner Sura Kees	150

DRESSING

Birnenbalsam-Dressing	67

GETRÄNK

Mostini	65

REGISTER BETRIEBE

Alpahotel Walserstuba	160	Hotel Birkenhöhe	144
Berggasthof Zugspitzblick	138	Hotel Schrofenstein	134
BürglAlm	98	Hotel Silzer Hof	130
Das Kulinarium im Petersbräu	26	Jassing Almhütt'n	122
Der jungWirt	58	Landgasthof Gritschacher	44
Dorfgasthof „Zum Grafenwirt"	108	Landgasthof zur Linde	76
Fauster's Früchtchen	120	Landhaus Oswald	112
Gasthaus Leban	30	Loystub'n	48
Gasthaus Maria vom guten Rat	82	Molzbachhof	62
Gasthaus Möslinger	166	Obstbau und Obstveredelung Haas	121
Gasthof Abfalter	92	Plattenrainalm	140
Gasthof BürglHöh	96	Restaurant s'Pfandl	72
Gasthof Glöckner	126	Seewirt Spieß	52
Gasthof Schäfle	152	Seppelbauer's Obstparadies	68
Gasthof „Zur Traube"	34	Strebersdorferhof	174
GenussBauernhof Böhm	66	Verwöhnhotel Sonnhof	102
GenussBauernhof Distelberger	67	Weststeirischer Hof	116
GenussBauernhof Jenichl	88	Wirtshaus Gelter	40
GenussGärtnerei Ganger	176	Wirtshaus „Zum Kaswurm"	99
Genussgasthof Sonnenburg	156	Wirtshaus „Zum Onke Heli"	86
Haller's Genuss & Spa Hotel	148	Zu den Schobers im Giersterbräu	170

BILDNACHWEIS

Alle Fotos GRÖ/Werner Krug, außer
Auschnitte GenussRegions-Sujets: S. 27, 31, 35, 41, 45, 49, 53, 49, S63, 73, 77, 87, 97, 103, 109, 113, 117, 135, 139, 153, 157, 167, 171, 175;
BMLFUW: Alexander Haiden: S. 5; Rita Newman: S. 9, 12, 14 (Bild links), 15 (Bild rechts), 36, 54, 118, 161, Cover links;
Familie Bürgler: S. 98; BürglHöh: S. 95;
Reinhard Fasching S. 151, 152; Foto Fischer: S. 4 (Bild links);
Graz Tourismus/Robert Sommerauer: S. 119;
Haller's Genuss & Spa Hotel: S. 148;

Infografik-Karten: Andre Pedersen;
Alexander Jakabb: S. 162;
Kleinwalsertal Tourismus eGen: S. 145, 149;
Landgasthof zur Linde: S. 76;
Herbert Lehmann/StockFood: S. 104;
Miriam Primik: S. 120;
Pepo Schuster: S. 4 (Bild rechts);
Styriabooks Archiv: S. 8, 16–19, 22;
Renate Wagner & Robert Neuhold: S. 140;
Maria Wallner: S. 102.

REGISTER GENUSSREGIONEN

Zickentaler Moorochse — Seite 27	Kittseer Marille — Seite 31
Mittelburgenländische Kaesten und Nuss — Seite 35	Görtschitztaler Milch — Seite 41
Mölltal – Glockner Lamm — Seite 45	Nockberge Almrind — Seite 49
Kärntna Laxn — Seite 53	Marchfeld Gemüse — Seite 59
Bucklige Welt Apfelmost — Seite 63	Tullnerfelder Schwein — Seite 73
Wiesenwienerwald Elsbeere — Seite 77	Sauwald Erdäpfel — Seite 83
Mattigtal Forelle — Seite 87	Tennengauer Berglamm — Seite 93
Pongauer Wild — Seite 97	Pinzgauer Rind — Seite 103
Ennstal Lamm — Seite 109	Steirisches Teichland - Karpfen — Seite 113
Steirisches Kürbiskernöl g.g.A. — Seite 117	Paznauner Almkäse — Seite 127
Oberinntaler Erdäpfel — Seite 131	Stanzer Zwetschke — Seite 135
Nordtiroler Gemüse — Seite 139	Montafoner Sura Kees — Seite 153
Kleinwalsertaler Wild und Rind — Seite 157	Waldviertler Graumohn g.U. — Seite 167
Wiener Gemüse — Seite 171	Retzer Land Kürbis — Seite 175

ISBN 978-3-85431-688-6

© 2014 by Pichler Verlag
in der Verlagsgruppe Styria GmbH & Co KG
Wien · Graz · Klagenfurt
Alle Rechte vorbehalten

Bücher aus der Verlagsgruppe Styria
gibt es in jeder Buchhandlung und im Online-Shop

REDAKTION: Juliette Bendele, Alexander Jakabb,
Margareta Reichsthaler, Wolfgang Schedelberger, Isabella Scheucher
UMSCHLAGGESTALTUNG: Andre Pedersen
BUCHGESTALTUNG: Maria Schuster
COVER: Christian Gelter, Wirt und Küchenchef, Wirtshaus Gelter, St. Veit an der Glan, Sieger GenussWirt 2014 Wirtshaus (links),
Hermann Haller, Hotelier, Haller's Genuss & Spa Hotel, Mittelberg im Kleinwalsertal, Sieger GenussWirt 2014 Hotel-Restaurant (rechts),
Foto Werner Krug

DRUCK UND BINDUNG: Druckerei Theiss GmbH,
St. Stefan im Lavanttal
7 6 5 4 3 2 1
Printed in Austria